In Material denken: Das Modell zwischen Designprozess und Museumssammlung

Thought Made Material: The Model between Design Process and Museum Collection

Grit Weber, Matthias Wagner K

museum angewandte kunst

avedition

CONTENT

Grit Weber,
Matthias Wagner K

Neben Objekten des Kunsthandwerks und Kunstgewerbes beherbergt das Museum Angewandte Kunst in Frankfurt am Main seit Beginn der 1990er Jahre auch eine Designsammlung. Ein wichtiger Schwerpunkt dieser Sammlung liegt auf der Gestaltungsleistung der Firma Braun in der Zeit von 1955 bis 1995. Sie umfasst nicht nur Objekte aus der Serienproduktion, sondern auch eine Vielzahl von Modellen, Modellreihen und Prototypen, die den Prozess der Produktgestaltung nachvollziehbar machen und verdeutlichen, wie es zu bestimmten Entscheidungen über Form, Aussehen und Funktionalität eines Produktes gekommen ist. Da sind beispielsweise das Modell einer *Nizo*-Kamera von Robert Oberheim und das einer Kaffeemaschine von Dieter Rams und Jürgen Greubel, beide aus dem Jahr 1970, das Modell eines Radioweckers mit Tapefunktion von Dieter Lubs, entstanden 1982, oder das eines tragbaren Fernsehgerätes, das Dieter Rams 1962 entwickelt hat, das aber nie in Produktion ging. Außerdem befinden sich zahlreiche Modellreihen von Rasierern aus den 1970er bis 1990er Jahren in der Designsammlung sowie Stuhlmodelle des frei tätigen Designers Helmut Starke.

Mit diesem Modell-Konvolut besitzt das Haus einen außergewöhnlichen Bestand, gehören doch Prototypen und Designmodelle nicht selbstverständlich zum Sammelkonzept verantwortlicher Kustod:innen. Da Designmodelle in der Regel Einzelstücke sind, verlangen sie besonderen Schutz und sind nicht ersetzbar. Von 2021 bis 2023 beschäftigte das Museum deshalb für die konservatorische Sichtung der Objekte und die Entwicklung von Lagerungskonzepten eine Restauratorin mit Spezialisierung auf Kunststoffe und Kompositobjekte. Aus diesem Projekt heraus entstand ein intensiver Austausch zwischen dem Museum und der Designabteilung der Firma Braun, der interessante Perspektiven auf das Thema „Designmodell" eröffnete. Diese und die Stuhlmodelle von Helmut Starke haben nun Eingang in dieses Buch gefunden.

Alongside objects of applied arts and crafts, the Museum Angewandte Kunst in Frankfurt am Main has also housed a design collection since the early 1990s. An important focus of this collection is on the design achievements of the Braun company in the period from 1955 to 1995. It comprises not only objects from series production, but also a large number of models, model series, and prototypes that make the product design process comprehensible and illustrate how certain decisions about the form, appearance, and functionality of a product were made. For example, there is the model of a Nizo camera by Robert Oberheim and a coffee machine by Dieter Rams and Jürgen Greubel, both from 1970, the model of a radio alarm clock with tape deck by Dieter Lubs, dating from 1982, and a portable television set developed by Dieter Rams in 1962, which never went into production. The design collection also includes numerous series of razor models from the 1970s to 1990s as well as chair models by the freelance designer Helmut Starke.

With this collection of models, the museum owns an unusual group of objects, as prototypes and design models are not necessarily an inherent part of the responsible curators' collection concept. Because design models are usually unique pieces, they require special protection and cannot be replaced. From 2021 to 2023, the museum therefore appointed a conservator specializing in plastics and composite objects to inspect the models and develop a storage plan. This project led to an intense exchange between the museum and Braun's design department, which opened up interesting perspectives on the design model. These and the chair models by Helmut Starke have now found their way into this book.

links: Vormodelle für Rasierer Projekt *Rotant*, Design: Roland Ullmann, 1974, Holz, teilweise Metall, 3,7 x 7,5 x 5,4 cm und 2.3 x 9,3 x 5,4 cm, Dauerleihgabe Braun GmbH, Kronberg i. Ts.

rechts: Dreiteiliges Vormodell für einen Rasierer, Design: Roland Ullmann, 1981, Holz, beschriftet, 2,5 x 12,0 x 5,0 cm, Dauerleihgabe Braun GmbH, Kronberg i. Ts.

left: Pre-models for the shaver project *Rotant*, design: Roland Ullmann, 1974, wood, partly metal, 3.7 x 7.5 x 5.4 cm and 2.3 x 9.3 x 5.4 cm, on permanent loan from Braun GmbH, Kronberg i. Ts.

right: Three-part pre-model for a shaver, design: Roland Ullmann, 1981, wood, inscribed, 2.5 x 12.0 x 5.0 cm, on permanent loan from Braun GmbH, Kronberg i. Ts.

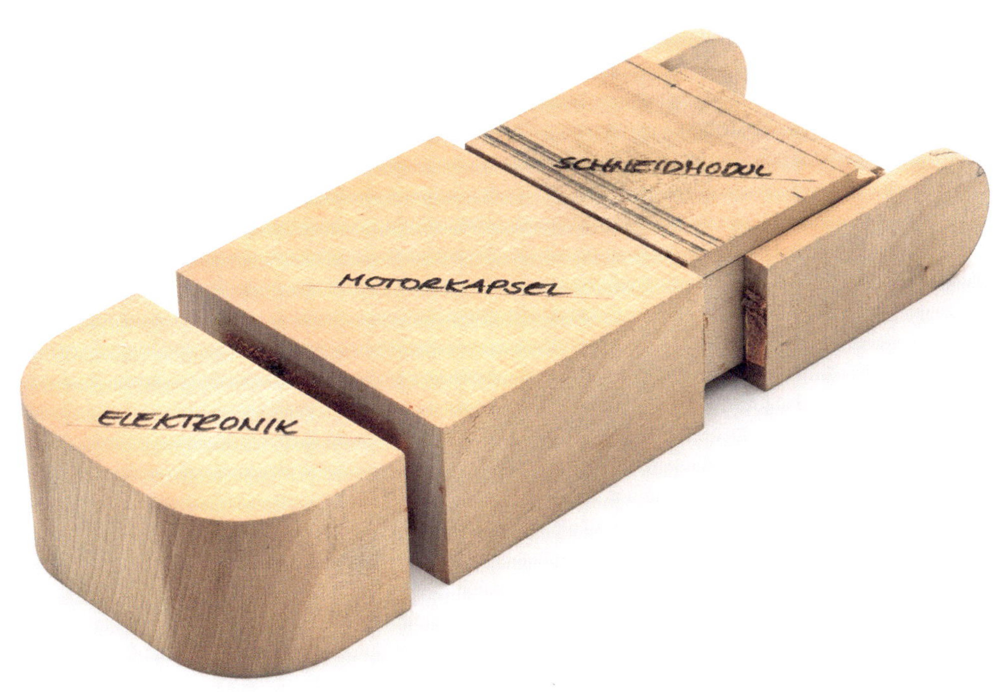
SCHNEIDMODUL
MOTORKAPSEL
ELEKTRONIK

rechts: Vormodelle für Rasierer, Design: Robert Oberheim, 1974, Holz, Filzstift, 3,3 x 11,4 (12,0) x 6,0 cm, Dauerleihgabe Braun GmbH, Kronberg i. Ts.

right: Pre-models for shavers, design: Robert Oberheim, 1974, wood, felt-tip pen, 3.3 x 11.4 (12.0) x 6.0 cm, on permanent loan from Braun GmbH, Kronberg i. Ts.

Modell für eine Kanne, Design: Jürgen Greubel und Dieter Rams, 1970er Jahre, beschädigt, nicht realisiert, Holz, Lack, Kunststoff, 23,5 x 16,5 x 10,5 cm, Dauerleihgaben Braun GmbH, Kronberg i. Ts.

Model for a jug, design: Jürgen Greubel and Dieter Rams, 1970s, damaged, not realized, wood, lacquer, plastic, 23.5 x 16.5 x 10.5 cm, on permanent loan from Braun GmbH, Kronberg i. Ts.

Modellserie für den Rasierer *InterFace*, Design: Roland Ullmann und Phong Vu, 1999, Kunststoff, Hartschaum, Bleistiftmarkierung, ca. 2,8 x 12,3 x 6,0 cm, Dauerleihgaben Braun GmbH, Kronberg i. Ts.

Model series for the *InterFace* shaver, design: Roland Ullmann and Phong Vu, 1999, plastic, hard foam, pencil marking, approx. 2.8 x 12.3 x 6.0 cm, on permanent loan from Braun GmbH, Kronberg i. Ts.

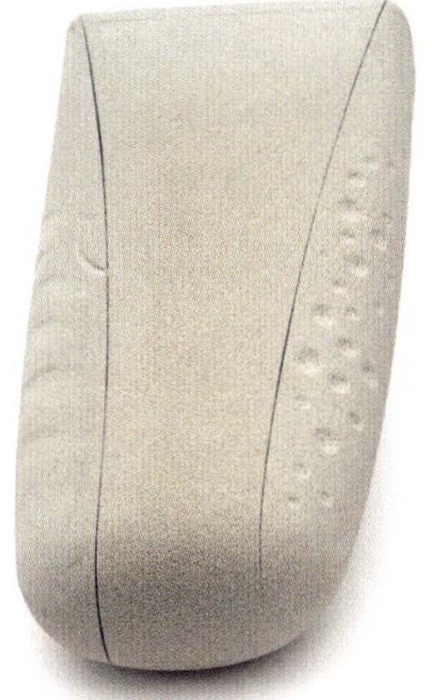
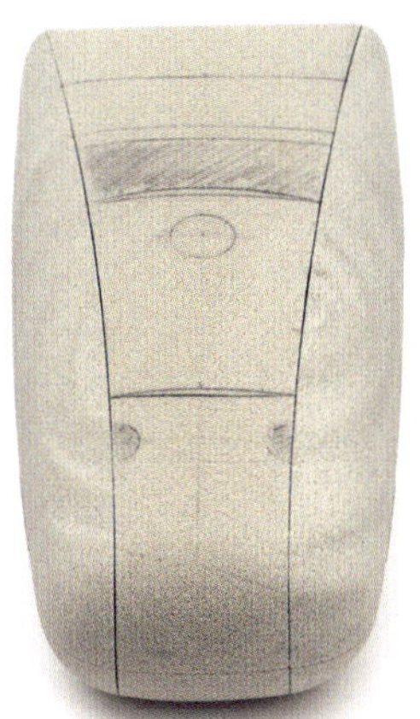
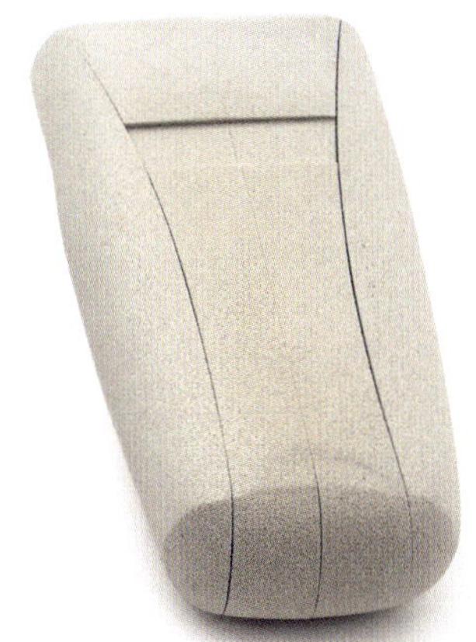

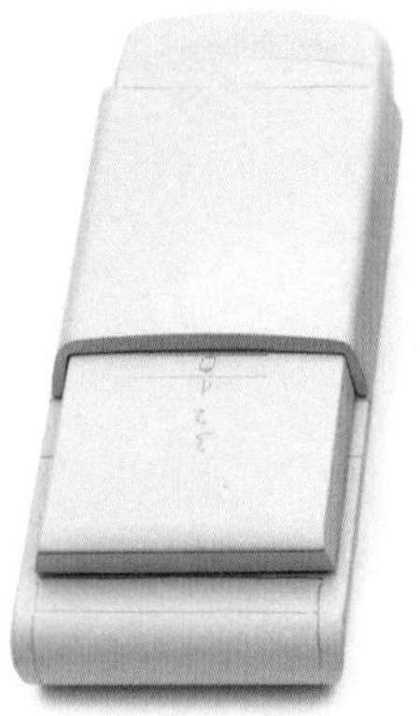

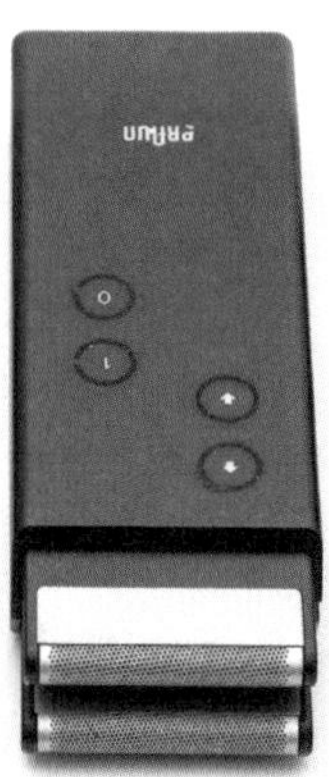

Modelle für Rasierer, Design: Roland Ullmann, um 1989, nicht realisiert, Kunststoff, Aluminium, ca 3,0 x 13,5 (12,0) x 5,6 (4,8) cm, Dauerleihgabe Braun GmbH, Kronberg i. Ts.

Models for shavers, design: Roland Ullmann, around 1989, not realized, plastic, aluminium, approx. 3.0 x 13.5 (12.0) x 5.6 (4.8) cm, on permanent loan from Braun GmbH, Kronberg i. Ts.

beach: shaver
solar
BRAUN
on
off

links: Modell für eine Filmkamera, Design: Peter Schneider, um 1972, Kunststoff, schwarz, 8,0 x 4,5 x 16,5 cm, nicht realisiert, Dauerleihgabe Braun GmbH, Kronberg i. Ts. (BR-206)

rechts: Modell für eine Filmkamera, Design: Robert Oberheim, um 1972, Kunststoff, 8,0 x 4,5 x 16,5 cm, nicht realisiert, Dauerleihgabe Braun GmbH, Kronberg i. Ts. (BR-207)

left: Model for a film camera, design: Peter Schneider, around 1972, plastic, black, 8.0 x 4.5 x 16.5 cm, not realized, on permanent loan from Braun GmbH, Kronberg i. Ts. (BR-206)

right: Model for a film camera, design: Robert Oberheim, around 1972, plastic, 8.0 x 4.5 x 16.5 cm, not realized, on permanent loan from Braun GmbH, Kronberg i. Ts. (BR-207)

S 15
f. 10
f. 25
+
–
0

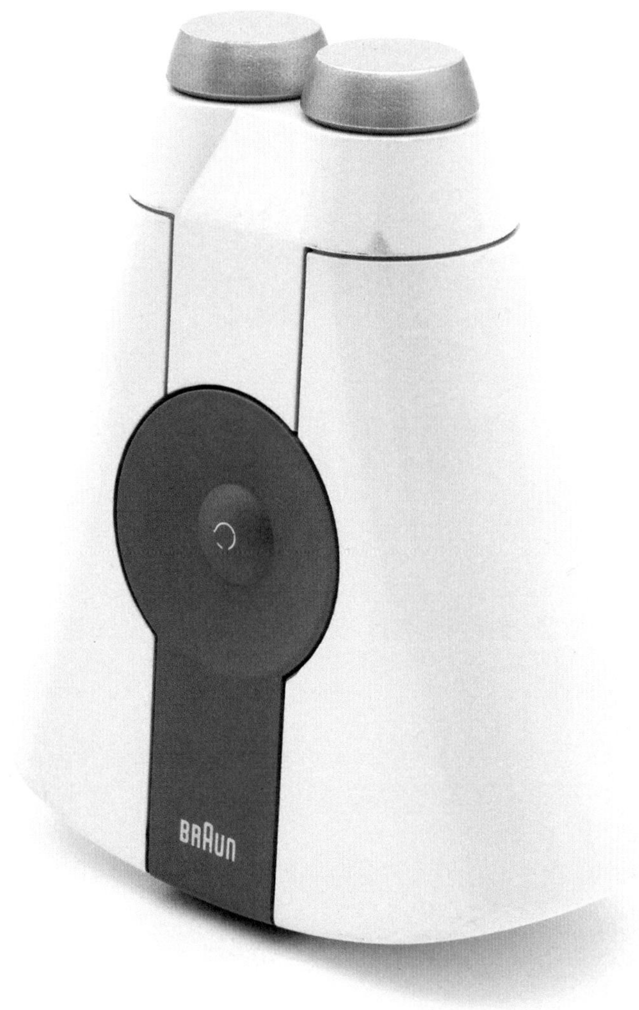
BRAUN

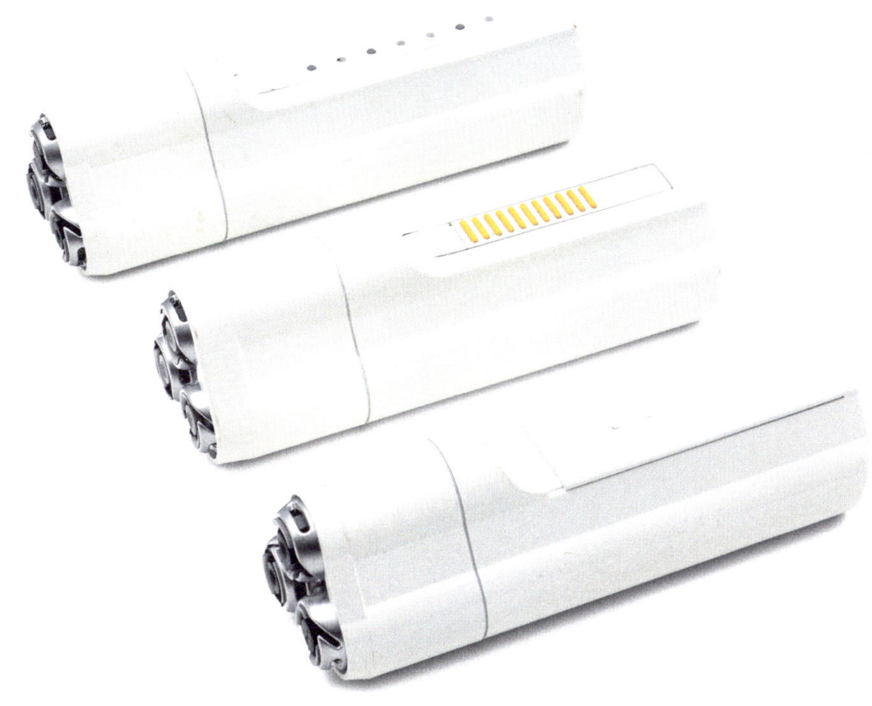

links: Modell für ein Haarentfernungsgerät, Kunststoff, lackiert, 9,3 x 8,8 x 4,0 cm, Dauerleihgabe Braun GmbH, Kronberg i. Ts.

rechts: Modelle für ein Haarentfernungsgerät, Design: Richard Fischer, 1967, Metall, Kunststoff, lackiert, 4,2 x 13,0 (14,0) x 4,5 cm, Dauerleihgabe Braun GmbH, Kronberg i. Ts.

left: Model for a hair removal device, plastic, lacquered, 9.3 x 8.8 x 4.0 cm, on permanent loan from Braun GmbH, Kronberg i. Ts.

right: Models for a hair removal device, design: Richard Fischer, 1967, metal, plastic, lacquered, 4.2 x 13.0 (14.0) x 4.5 cm, on permanent loan from Braun GmbH, Kronberg i. Ts.

links: Modell für einen Haartrockner, Design: Jürgen Greubel, Cornelia Seifert und Till Winkler, 1998, Kunststoff, 6,8 x 15,5 x 13,5 cm, Dauerleihgabe Braun GmbH, Kronberg i. Ts.

rechts: Modell für einen Haartrockner, Design: Robert Oberheim, 1980er Jahre, Kunststoff, Holz, 6,8 x 17,5 x 13,5 cm, Dauerleihgabe Braun GmbH, Kronberg i. Ts.

left: Model for a hairdryer, design: Jürgen Greubel, Cornelia Seifert and Till Winkler, 1998, plastic, 6.8 x 15.5 x 13.5 cm, on permanent loan from Braun GmbH, Kronberg i. Ts.

right: Model for a hairdryer, design: Robert Oberheim, 1980s, plastic, wood, 6.8 x 17.5 x 13.5 cm, on permanent loan from Braun GmbH, Kronberg i. Ts.

links: Modelle für ein Haarentfernungsgerät, Design: Peter Schneider, Jürgen Greubel und Cornelia Seifert, um 2000, Kunststoff, diverse Farben, Dauerleihgabe Braun GmbH, Kronberg i. Ts.

rechts: Modell für eine Kaffeemaschine, Design: Dieter Rams und Jürgen Greubel, 1970, nicht realisiert, Kunststoff, 34,0 x 17,0 x 23,0 cm, Dauerleihgabe Braun GmbH, Kronberg i. Ts. (BR-187)

Left: Models for a hair removal device, design: Peter Schneider, Jürgen Greubel and Cornelia Seifert, around 2000, plastic, various colors, on permanent loan from Braun GmbH, Kronberg i. Ts.

right: Model for a coffee machine, design: Dieter Rams and Jürgen Greubel, 1970, not realized, plastic, 34.0 x 17.0 x 23.0 cm, on permanent loan from Braun GmbH, Kronberg i. Ts. (BR-187)

BRAUN

Wolle
B.Wolle

Modelle für ein Bügeleisen, Design: Dieter Rams und Jürgen Greubel, 1976, nicht realisiert, Kunststoff, Textil, 9,5 x 13,0 x 24,5 cm, Dauerleihgabe Braun GmbH, Kronberg i. Ts. (BR-188 und ohne Inventarnummer)

Models for an iron, design: Dieter Rams and Jürgen Greubel, 1976, not realized, plastic, textile, 9.5 x 13.0 x 24.5 cm, on permanent loan from Braun GmbH, Kronberg i. Ts. (BR-188 and without inventory number)

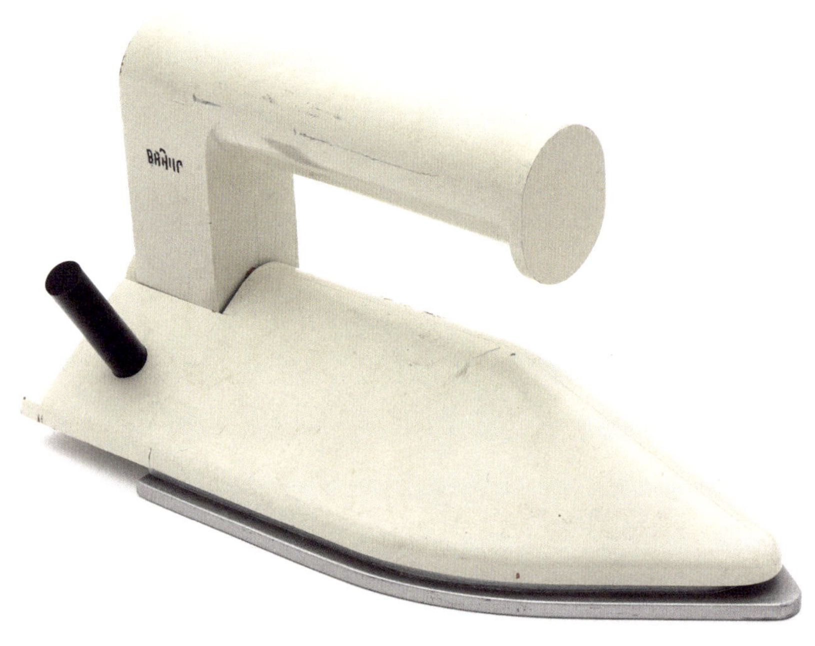

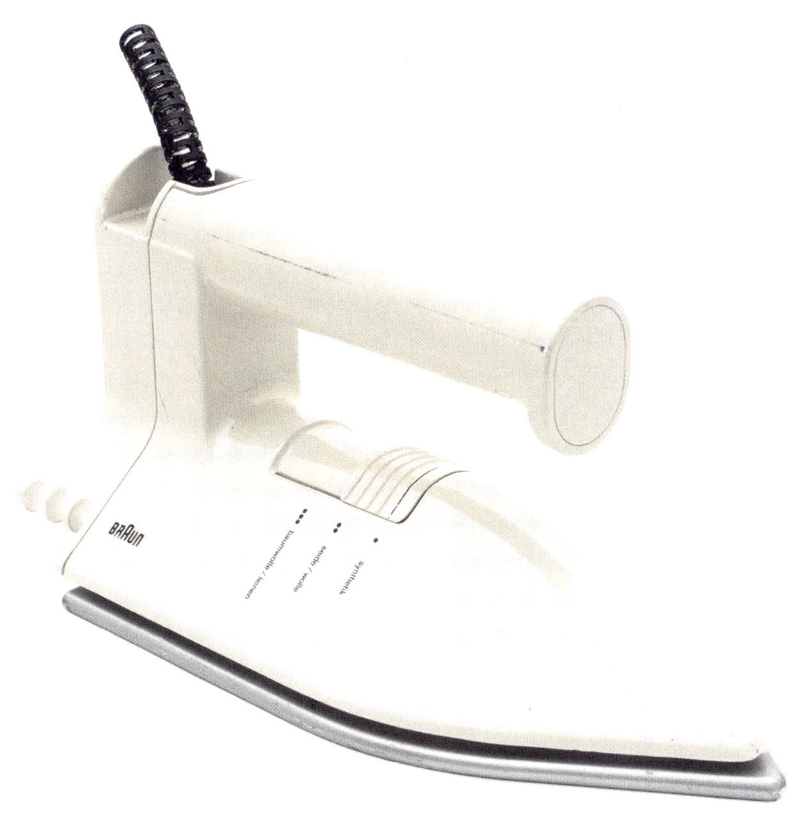

Modelle für das Bügeleisen Projekt PA-3, Design: Ludwig Littmann, um 1985, nicht realisiert, Holz, Kunststoff lackiert, Metall, links: 10,5 x 20,5 x 9,6 cm, rechts: 15,0 x 24,0 x 11,0 cm, Dauerleihgabe Braun GmbH, Kronberg i. Ts.

Models for the iron project PA-3, design: Ludwig Littmann, around 1985, not realized, wood, lacquered plastic, metal, left: 10.5 x 20.5 x 9.6 cm, right: 15.0 x 24.0 x 11.0 cm, on permanent loan from Braun GmbH, Kronberg i. Ts.

---

links: Modell für eine Küchenuhr mit Kurzzeitwecker, Design: Dietrich Lubs, 1986, Kunststoff, 7,0 x 13,5 x 3,0 cm, Dauerleihgabe Braun GmbH, Kronberg i. Ts.

rechts: Modell für eine mehrteilige Tasse, Design: Dieter Rams, um 1975, Kunststoff, gefärbt, gegossen, 10,8 x 7,5 x 11,0 cm, Dauerleihgabe Braun GmbH, Kronberg i. Ts.

left: Model for a kitchen clock with short-time alarm, design: Dietrich Lubs, 1986, plastic, 7.0 x 13.5 x 3.0 cm, on permanent loan from Braun GmbH, Kronberg i. Ts.

right: Model for a multi-part cup, design: Dieter Rams, around 1975, plastic, colored, cast, 10.8 x 7.5 x 11.0 cm, on permanent loan from Braun GmbH, Kronberg i. Ts.

BRAUN

Modelle für ein Kabinengeschirr der Deutschen Lufthansa AG, entstanden im Rahmen eines Gestaltungswettbewerbs, Design: Dieter Rams und das Braun-Designteam, 1983/84, Kunststoff, links: je 6,0 x 11,5 (12,3) x 7,5 cm, rechts: 11,5 x 12,5 x 7,8 cm, Dauerleihgabe Braun GmbH, Kronberg i. Ts.

Models for a cabin tableware set for Deutsche Lufthansa AG, created as part of a design competition, design: Dieter Rams and the Braun design team, 1983/84, plastic, left: 6.0 x 11.5 (12.3) x 7.5 cm each, right: 11.5 x 12.5 x 7.8 cm, on permanent loan from Braun GmbH, Kronberg i. Ts.

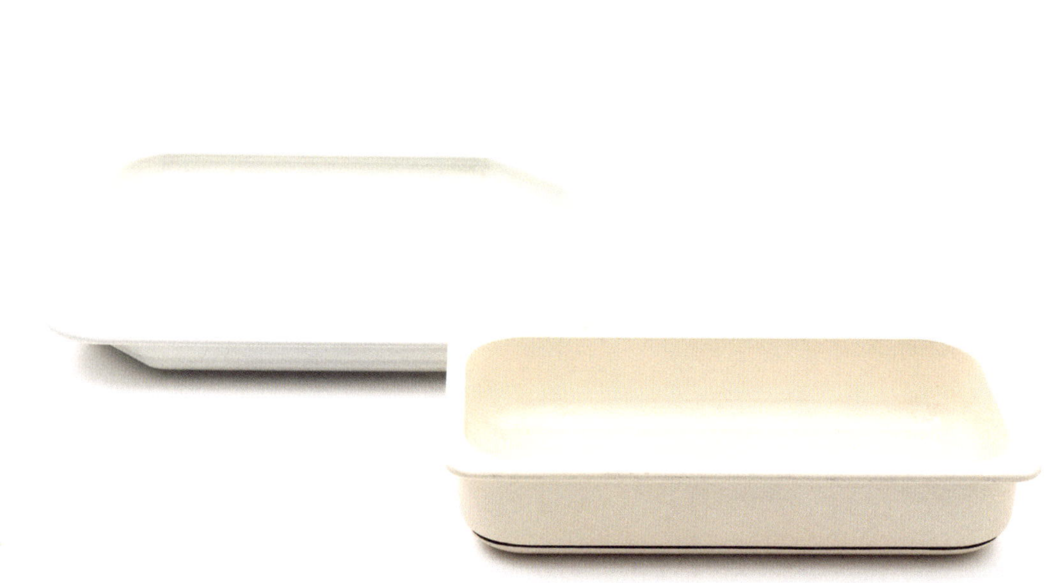

Modelle für ein Kabinengeschirr der Deutschen Lufthansa AG, entstanden im Rahmen eines Gestaltungswettbewerbs, Design: Dieter Rams und Peter Schneider, 1983/84, Porzellan, Kunststoff, diverse Maße, Schenkung Dieter Rams (18838a, 18839, 18840) und Dauerleihgabe Braun GmbH, Kronberg i. Ts. (BR-203, BR-204, BR-205)

Models for a cabin tableware for Deutsche Lufthansa AG, created as part of a design competition, design: Dieter Rams and Peter Schneider, 1983/84, porcelain, plastic, various dimensions, donated by Dieter Rams (18838a, 18839, 18840) and on permanent loan from Braun GmbH, Kronberg i. Ts. (BR-203, BR-204, BR-205)

P
S

BRAUN

Modell für eine Tasse mit Untertasse, Design: Dieter Rams, um 1975, nicht realisiert, Kunststoff, gefärbt, gegossen, 8,0 x 6,0 x 9,0 cm, Schenkung Dieter Rams (18841)

Model for a cup with saucer, design: Dieter Rams, around 1975, not realised, plastic, colored, cast, 8.0 x 6.0 x 9.0 cm, donation Dieter Rams (18841)

Modelle für zwei Tassen mit Untertassen, Design: Dieter Rams, um 1975, Kunststoff matt und glatt, gegossen, gefärbt, 8,0 x 6,0 x 9,0 cm und 5,6 x 6,0 x 9,0 cm, Dauerleihgabe Braun GmbH, Kronberg i. Ts.

Models for two cups with saucers, design: Dieter Rams, around 1975, plastic matt and smooth, cast, colored, 8.0 x 6.0 x 9.0 cm and 5.6 x 6.0 x 9.0 cm, on permanent loan from Braun GmbH, Kronberg i. Ts.

BRAUN

Modell für das Rührgerät *KM2*, Design: Richard Fischer, 1963/64, Metall, Kunststoff, lackiert, 23,5 x 16,5 x 10,5 cm, Dauerleihgabe Braun GmbH, Kronberg i. Ts.

Model forthe mixer *KM2*, design: Richard Fischer, 1963/64, metal, plastic, lacquered, 23.5 x 16.5 x 10.5 cm, on permanent loan from Braun GmbH, Kronberg i. Ts.

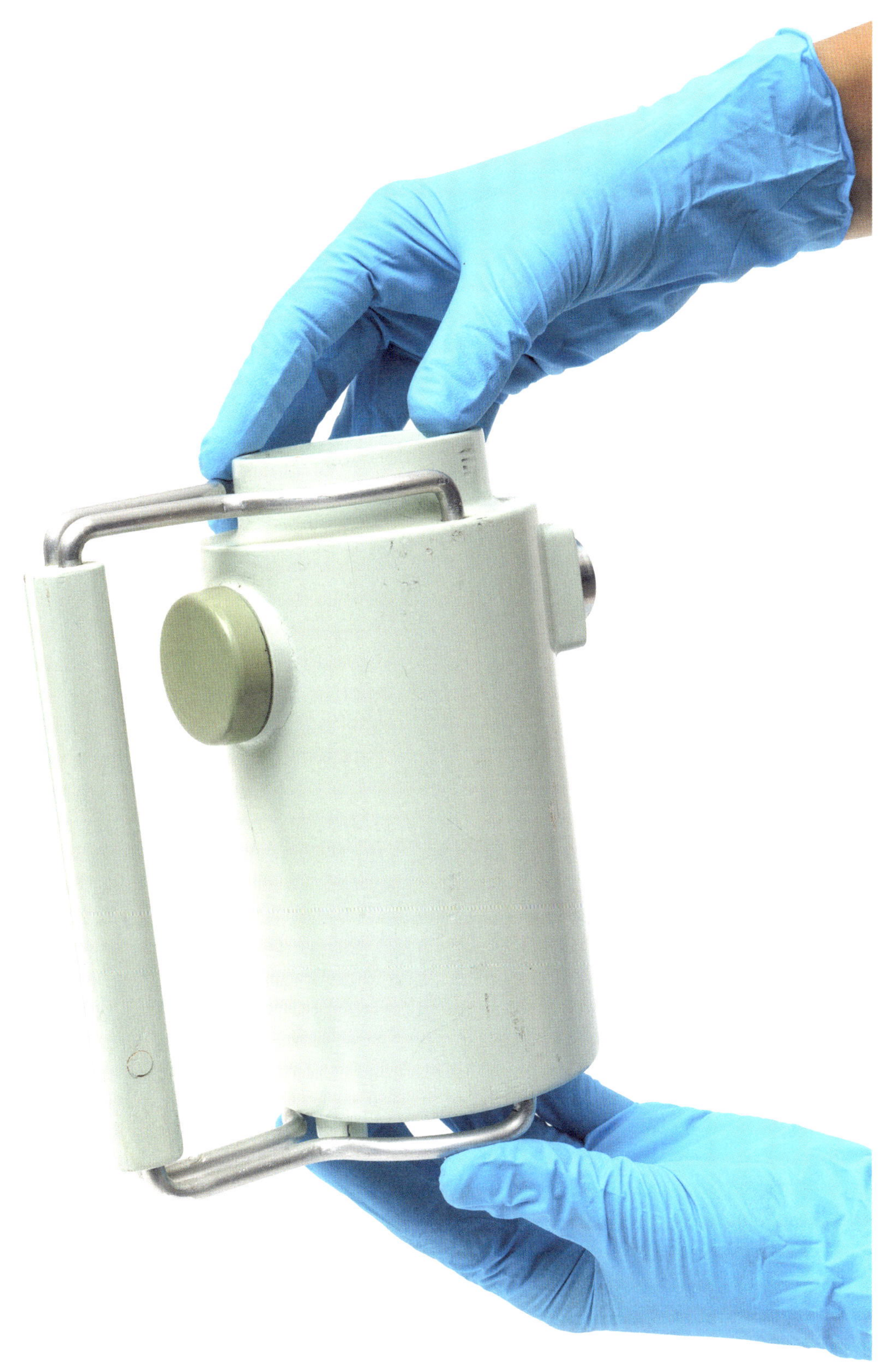

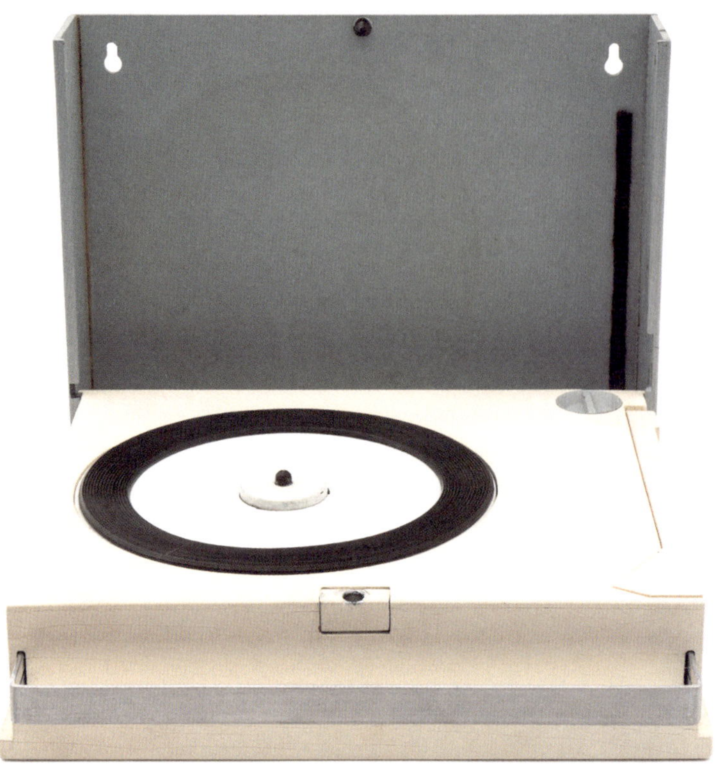

links: Modell für einen tragbaren Plattenspieler, Design: Dieter Rams, 1958, Holz, Kunststoff, Metall, Gummi, 9,0 x 29,2 x 23,7 cm, Dauerleihgabe der Braun GmbH, Kronberg i. Ts. (BR-181)

rechts: Modell für ein tragbares Radio, Design: Dieter Rams, 1958, Kunststoff, Papier, Aluminium, 23,0 x 16,0 x 7,2 cm, Dauerleihgabe Braun GmbH, Kronberg i. Ts. (BR-180)

left: Model for a portable record player, design: Dieter Rams, 1958, wood, plastic, metal, rubber, 9.0 x 29.2 x 23.7 cm, on permanent loan from Braun GmbH, Kronberg i. Ts. (BR-181)

right: Model for a portable radio, design: Dieter Rams, 1958, plastic, paper, aluminum, 23.0 x 16.0 x 7.2 cm, on permanent loan from Braun GmbH, Kronberg i. Ts. (BR-180)

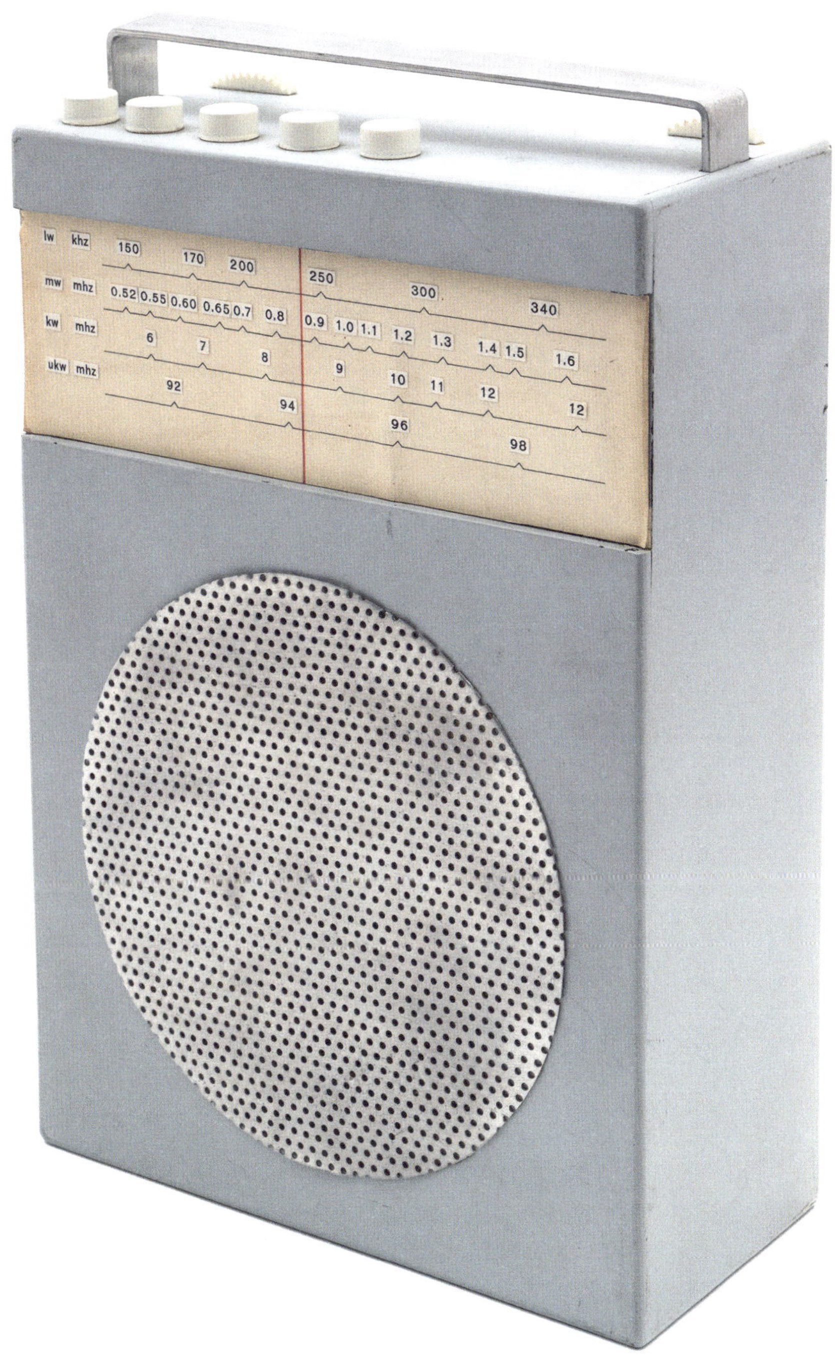
lw khz
150
170
200
250
300
340
mw mhz
0.52 0.55 0.60 0.65 0.7 0.8
0.9 1.0 1.1 1.2 1.3 1.4 1.5 1.6
kw mhz
6
7
8
9
10
11
12
12
ukw mhz
92
94
96
98

links: Stuhlmodell, Design: Helmut Starke, um 1960, Holz, geschnitzt, geklebt, Leder, 8,0 x 5,0 x 5,5 cm (19206)

rechts: Stuhlmodell, Design: Helmut Starke, ohne Datierung, Holz, geschnitzt, geklebt, 8,0 x 4,7 x 5,00 cm (19205)

left: Chair model, design: Helmut Starke, around 1960, wood, carved, glued, leather, 8.0 x 5.0 x 5.5 cm (19206)

right: Chair model, design: Helmut Starke, undated, wood, carved, glued, 8.0 x 4.7 x 5.0 cm (19205)

links: Stuhlmodell, Design: Helmut Starke, um 1960, Holz, geschnitzt, geklebt, 8,0 x 5,0 x 5,5 cm (19209, daneben 19206)

rechts: Stuhlmodell, Design: Helmut Starke, ohne Datierung (um 1980), Holz, geschnitzt, geklebt, 15,0 x 11,0 x 11,5 cm (19211)

left: Chair model, design: Helmut Starke, around 1960, wood, carved, glued, 8.0 x 5.0 x 5.5 cm (19209, next to 19206)

right: Chair model, design: Helmut Starke, undated (around 1980), wood, carved, glued, 15.0 x 11.0 x 11.5 cm (19211)

Stuhlmodell, Design: Helmut Starke, ohne Datierung (1970er Jahre), Holz geschnitzt, Metalldraht, gebogen, 15,3 x 9,6 x 9,5 cm (19212)

Chair model, design: Helmut Starke, undated (1970s), carved wood, metal wire, bent, 15.3 x 9.6 x 9.5 cm (19212)

Modell für ein Sofa, Design: Helmut Starke, 1960er Jahre, Holz, geschnitzt, gesägt, Metalldraht, 7,3 x 20,4 x 8,0 cm (19210)

Model for a sofa, design: Helmut Starke, 1960s, wood, carved, sawn, metal wire, 7.3 x 20.4 x 8.0 cm (19210)

links: Modell für einen Sessel, Design: Helmut Starke, 1970er Jahre, Gips, gegossen, geschnitzt, Metalldraht, gebogen, verklebt, 7,5 x 8,0 x 7,0 cm (19199)

rechts: Modell für einen Lehnstuhl, Design: Helmut Starke, um 1965, Holz, gesägt, Metallgestell, verleimt, 7,5 x 6,5 x 6,5 cm (19208)

left: Model for an armchair, design: Helmut Starke, 1970s, plaster, cast, carved, metal wire, bent, glued, 7.5 x 8.0 x 7.0 cm (19199)

right: Model for an armchair, design: Helmut Starke, around 1965, wood, sawn, metal frame, glued, 7.5 x 6.5 x 6.5 cm (19208)

links: Sesselmodelle, Design: Helmut Starke, 1970er Jahre, Gips, gegossen, geschnitzt, 8,5 x 7,8 x 6,0 cm (19196) und 8,0 x 7,5 x 6,0 cm (19198)

rechts: Sesselmodelle, Design: Helmut Starke, 1970er Jahre, Gips, gegossen, geschnitzt, 10,0 x 6,5 x 7,0 cm (19197) und 8,0 x 7,0 x 7,0 cm (19195)

left: Armchair models, design: Helmut Starke, 1970s, plaster, cast, carved, 8.5 x 7.8 x 6.0 cm (19196) and 8.0 x 7.5 x 6.0 cm (19198)

right: Armchair models, design: Helmut Starke, undated 1970s, plaster, cast, carved, 10.0 x 6.5 x 7.0 cm (19197) and 8.0 x 7.0 x 7.0 cm (19195)

links: Sesselmodelle, Design: Helmut Starke, ohne Datierung (1970er Jahre), Hartschaum, geschnitten, geklebt, 8,0 x 8,0 x 7,0 cm (19194) und 8,0 x 7,5 x 6,0 cm (19193)

rechts: Modelle für Liegen, Design: Helmut Starke, ohne Datierung (1970er Jahre), Holz, geschnitzt, geklebt, 6,5 x 19,2 x 6,5 cm (19203) und 6,0 x 18,5 x 6,0 cm (19202)

left: Armchair models, design: Helmut Starke, undated (1970s), hard foam, cut, glued, 8.0 x 8.0 x 7.0 cm (19194) and 8.0 x 7.5 x 6.0 cm (19193)

right: Models for loungers, design: Helmut Starke, undated (1970s), wood, carved, glued, 6.5 x 19.2 x 6.5 cm (19203) and 6.0 x 18.5 x 6.0 cm (19202)

Modell für einen Kragstuhl, Design: Helmut Starke, um 1970, Holz, geschnitzt, beschädigt, 8,0 x 6,7 x 6,5 cm (19207)

Model for a cantilever chair, design: Helmut Starke, around 1970, wood, carved, damaged, 8.0 x 6.7 x 6.5 cm (19207)

„Wer also nach unserer Vergangenheit fragt, der sollte vor allem in Fabrikruinen graben. Wer nach unserer Gegenwart fragt, der sollte vor allem die gegenwärtigen Fabriken kritisieren. Und wer die Frage nach unserer Zukunft aufwirft, der stellt die Frage nach der Fabrik der Zukunft.“[1]

“Those who ask about our past should start by digging in the ruins of factories. Those who ask about our present should start by criticizing today’s factories. And those who ask about our future—they are asking about the factory of the future.”[1]

[1] Vilém Flusser (2019/1993), *Vom Stand der Dinge. Eine kleine Philosophie des Designs*, Fabian Wurm (Hg.), Göttingen, S. 77
[2] Paolo Vitali, Astrid Staufer (2023), Das Modell als Idee des Raumes, in: Markus Landert, Susanne Prinz, Hannes Brunner (Hg.), *Entwurfsanlagen. Denken mit Modellen*, Wien, S. 16

[1] Vilém Flusser (2019/1993), *Vom Stand der Dinge. Eine kleine Philosophie des Designs*, Fabian Wurm (Ed.), Göttingen, p. 77
[2] Paolo Vitali, Astrid Staufer (2023), Das Modell als Idee des Raumes, in: Markus Landert, Susanne Prinz, Hannes Brunner (Eds.), *Entwurfsanlagen. Denken mit Modellen*, Wien, p. 16

Der diskrete Charme der Materie
Das Designmodell und wie man es betrachten kann

DAS DESIGNMODELL ZWISCHEN FUNKTION, MEDIUM UND AUTONOMIE

Ein Designmodell ist eine materielle Tatsache. Es ist im Zuge eines Planungsprozesses für ein Produkt entstanden und steht in Beziehung zu diesem. In der Regel ist es in den Entwicklungs- und Designabteilungen von Industriefirmen zu finden, die Autos, Flugzeuge, Werkzeuge, Möbel, Beschläge, Haushaltsgeräte, Geschirr, Besteck und all die Alltagsartikel entwickeln, die später als Serien- und Massenprodukte auf den Markt gebracht werden. Aber nicht nur Gestalter:innen von Produkten nutzen die Darstellungsqualität von Modellen. Auch in Mathematik und Softwareentwicklung, in den Natur-, Wirtschafts- und Sozialwissenschaften, in der Klima- und Mobilitätsforschung werden Modelle und Modellrechenverfahren zur Darstellung von komplexen Zusammenhängen und langfristigen Entwicklungen genutzt. Sich mit Modellen zu beschäftigen, ist also ein interdisziplinäres Unterfangen und eröffnet eine Vielzahl von Blickwinkeln.

Das Designmodell unterhält aus dem funktionalen Zusammenhang seiner Verwendung heraus eine enge Beziehung zur Planungsidee. Häufig hat es seinen Auftritt innerhalb von Modellreihen und steht für einen bestimmten Schritt innerhalb eines Planungsprozesses – und damit auch für ein bestimmtes Verhältnis zum erwünschten und zum erzielten Endprodukt. Das Designmodell ist somit ein auf die Zukunft ausgerichtetes Ding. Was aber sagen Zukunftsbilder aus, wenn diese Zukunft sich in Form eines Produktes erfüllt?

Ein Modell umfasst die „Gesamtheit der Operationen zur Darstellung eines Objektes oder einer Idee, dient aber auch zur Veranschaulichung formaler, struktureller oder funktionaler Hypothesen.“[2] Es ist gleicher-

The Discreet Charm of the Material
The Design Model and How to Regard It

THE DESIGN MODEL BETWEEN FUNCTION, MEDIUM, AND AUTONOMY

A design model is a material fact. It is created in the course of a planning process for a product and is related to it. It is usually found in the development and design departments of industrial companies that develop cars, airplanes, tools, furniture, fittings, household appliances, dishware, cutlery, and all the everyday items that are later brought to market as series and mass products. But it is not only product designers who use the representational capacity of models. In mathematics and software development, in the natural, economic and social sciences, in climate and mobility research, models and model-based computation methods are also used to represent complex relationships and long-term developments. Working with models is therefore an interdisciplinary undertaking and opens up a variety of perspectives.

The design model, because of the functional context of its use, remains closely related to the planning idea. It often appears within a series of models and stands for a certain step within a planning process—and thus also for a certain relationship to the finished product. The design model is therefore a future-oriented thing. But what do images of the future convey when this future is fulfilled in the form of a product?

A model comprises the “totality of operations to represent an object or an idea, but also serves to illustrate formal, structural, or functional hypotheses.”[2] It is both a theoretical assertion and practical proof of the possibility of fulfilling certain aesthetic and technical ideas. The model functions

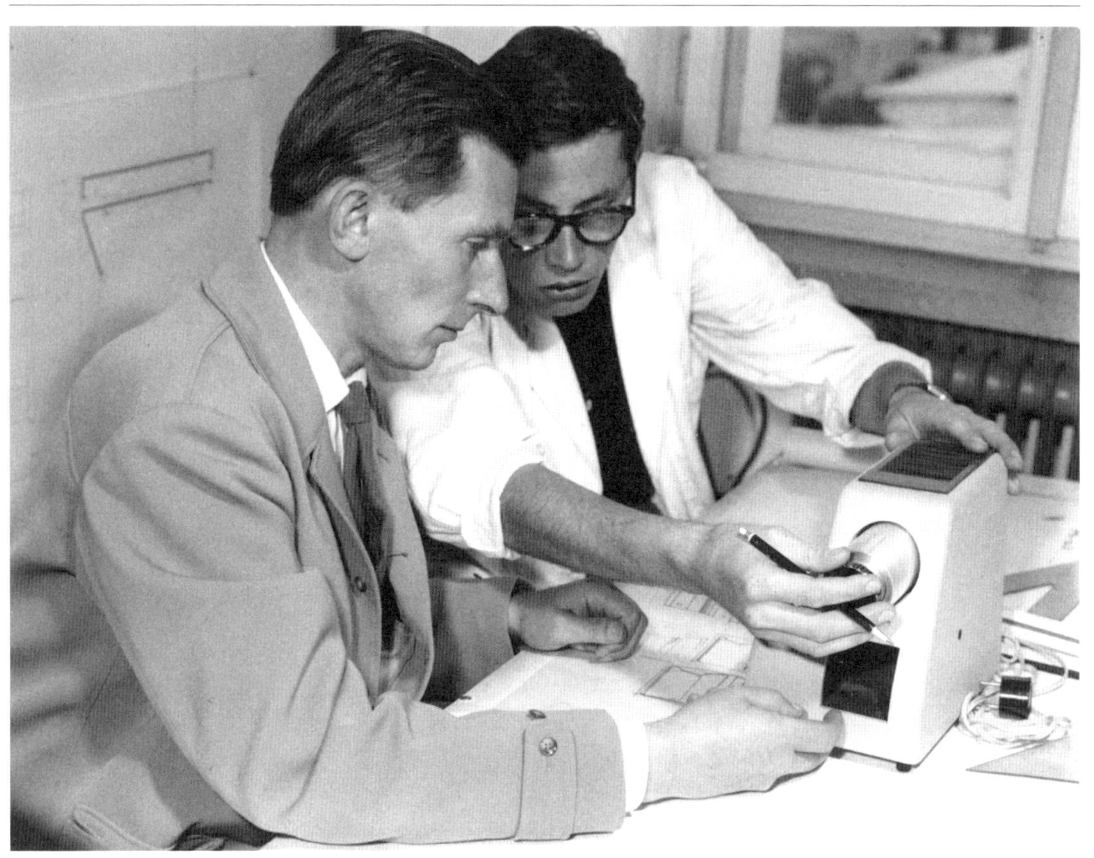

Fritz Eichler und Dieter Rams mit dem Funktionsmodell für den Diaprojektor *PA1*, 1956

Fritz Eichler and Dieter Rams with the functional model for the *PA1* slide projector, 1956

[3] Ebd., S. 22

[3] Ibid, p. 22

maßen eine theoretische Behauptung wie auch ein praktischer Beweis für die Möglichkeit des Erfüllens bestimmter ästhetischer und technischer Vorstellungen. Das Modell fungiert als Übermittler, als Medium von konkreten Informationen, und ist somit sowohl Aufforderung zu als auch Werkzeug der Kommunikation.

Wenn wir über den direkten funktionalen Entstehungskontext hinausgehen, formuliert jedes Designmodell auch einen (industrie-)kulturellen Anspruch und ist immer auch ein Zeitdokument. Es steht in Beziehung zum Stand technischer Fertigung, zur Ökonomie einer bestimmten Zeit und ist indirekt in einen Markt bzw. eine Konsumkultur eingebunden. In das Modell sind Materialentwicklung und Materialverfügbarkeit, Herstellungsstandards, Konkurrenzbeobachtungen, ästhetische Auffassungen und Nutzungsangebote eingeflossen, sie sind darin verarbeitet und daran ablesbar.

Außer als Planungsinstrument und Kulturmedium existiert das Designmodell jedoch auch als autonome Erscheinung: als Form, Volumen, Material, Farbe, Oberfläche und Maß. Es wirkt auf die Sinne und lässt sich nicht nur visuell, sondern auch olfaktorisch, akustisch und taktil erleben. Jedes Modell ist ein von Menschen gemachtes Ding und damit immer auch „Werk eines schöpferischen Geistes“[3]. Denn was zunächst wie ein Paradox wirkt – sowohl funktional als auch autonom zu sein –, ist zugleich genau das, was das Modell zu einem so interessanten Objekt für ein Museum macht, das die angewandte Kunst im Namen trägt.

SPIELARTEN DES DESIGNMODELLS

Modelle müssen eine Vielzahl von Anforderungen erfüllen und existieren innerhalb der Gestaltungsarbeit in unterschiedlicher Komplexität, Materialität und Ge-

as a transmitter, as a medium of concrete information, and is thus both a request for and a tool of communication.

If we go beyond the direct functional context of its origin, each design model also articulates an (industrial-)cultural purpose and is always also a document of its time. It is related to the state of technical production, to the economy of a certain moment, and is indirectly integrated into a market or consumer culture. The development and availability of materials, manufacturing standards, keeping abreast of the competition, aesthetic attitudes, and a range of uses have all been assimilated into the model and can be read from it.

In addition to being a planning tool and cultural medium, the design model also exists as an autonomous phenomenon: as form, volume, material, color, surface, and size. It affects the senses and can be experienced not only visually, but also olfactorily, acoustically, and tactilely. Every model is a man-made thing and therefore always the “work of a creative mind.”[3] Because what initially seems like a paradox—to be at once functional and autonomous—is at the same time precisely what makes the model such an interesting object for a museum itself named after applied art.

DESIGN MODEL VARIETIES

Models must fulfill many requirements and exist within the creative process in varying degrees of complexity, materiality, and form. In relation to the point in time within the design process and the stage of aesthetic and functional devel-

Die wichtigsten Artikel gehen als Großmodelle auf PKWs auf Tour. Hier VW-*Käfer* mit Braun-Logo in Stuttgart, 1954

The most important articles go on tour as large models on cars. Here VW *Beetle* with Braun logo in Stuttgart, 1954

[4] Moritz Schauerhammer und der Studiengang Industriedesign der Burg Giebichenstein Kunsthochschule Halle (Hg.) (2022), *Modelle im Designprozess. Kompendium für Studierende und Lehrende*, Halle (Saale), S. 11f.
[5] Ebd., S. 18

stalt. Bezogen auf den Zeitpunkt innerhalb des Gestaltungsprozesses und das Stadium der ästhetischen und funktionalen Entwicklung lassen sich Vormodelle, Prozessmodelle, Funktionsmodelle und schließlich Prototypen unterscheiden.[4]

In Bezug auf die ästhetische Komplexität von Modellen reicht die Spannbreite von einer zweidimensionalen Silhouette oder Konturlinie über dreidimensionale Volumen- und Körpermodelle bis zu komplexeren Ergonomiemodellen, die auch Oberflächenhaptik, Gewicht und Handhabung des Endproduktes simulieren. Eine Sonderrolle spielen hier technische Hilfsmittel für eine serielle Herstellung von Teilelementen, wie Schablonen, Muster, Klischees und Matrizen.

Was das Material betrifft, ist die Vielfalt groß, da Modelle in allen mehr oder weniger haltbaren Werkstoffen herstellbar sind. Gängig sind hier plastische Modelle aus Kunststoffen oder Clay, ultraleichte Schaumkern- oder Pappmodelle sowie Spantenmodelle, Gitterdraht- oder Fadenmodelle, in welchen aus linienartigen Strukturen Volumen konstruiert werden.[5] Und schließlich seien noch Farbmodelle genannt, die die punktuelle, linienhafte und flächige Wirkung von Farben zur Anschauung bringen.

Darüber hinaus gibt es aber auch Miniaturen, also Modelle in verkleinertem Maßstab zu einem existierenden Produkt, wie beispielsweise die Miniaturstühle der Vitra AG, von denen die Sammlung des Museum Angewandte Kunst etliche Exemplare im Bestand hat. Sie dienen einerseits als Anschauungs- und Lehrbeispiele und andererseits als exklusive Souvenir- und Sammlungsobjekte. Auch sogenannte Großmodelle gibt es, die gegenüber dem Originalprodukt vergrößert sind und zumeist als Advertising für Messen, Ausstellungen und weitere Werbezwecke eingesetzt werden.

[4] Moritz Schauerhammer und der Studiengang Industriedesign der Burg Giebichenstein Kunsthochschule Halle (Eds.) (2022), *Modelle im Designprozess. Kompendium für Studierende und Lehrende*, Halle (Saale), p. 11f.
[5] Ibid, p. 18

opment, a distinction can be made between preliminary models, process models, functional models, and finally prototypes.[4]

The aesthetic complexity of models ranges from a two-dimensional silhouette or contour line to three-dimensional volumetric and body models to more complex ergonomic models that also simulate the surface feel, weight, and handling of the end product. Technical aids for the serial production of individual components, such as templates, patterns, stereotypes, and matrices, play a special role here.

A wide variety of materials are available for models and they can be produced in all more or less durable materials. Common are sculptural models made of plastic or clay, ultra-light foam core or cardboard models as well as frame models, wireframe or thread models, in which volumes are constructed from line-like structures.[5] Finally, there are color models that illustrate the punctiform, linear, and planar effects of colors.

Furthermore, there are also miniatures—scaled-down replicas of an existing product—like the miniature chairs from Vitra AG, a number of examples of which can be found in the collection of the Museum Angewandte Kunst. They serve as illustrative and educational examples on the one hand and as exclusive souvenirs and collectibles on the other. There are also so-called large models, which are enlarged compared to the original product and are mostly used as advertising for trade fairs, exhibitions, and other promotional purposes.

[6] Klaus Klemp (2023), *Braun. Design, das bleibt*, Berlin, S. 94 und 405
[7] Wolfgang Bock (2005), Das Modell zwischen Denkbild und Werkzeug, in: Bauhaus Universität Weimar (Hg.), *Das Modell als Denkbild*, Jahrbuch der Fakultät Gestaltung, Heft 4/2005, S. 13
[8] Als Beispiele seien hier genannt: Oliver Elser und Peter Cachola Schmal für das Deutsche Architektur Museum, Frankfurt am Main (Hg.) (2012), *Das Architekturmodell. Werkzeug, Fetisch, kleine Utopie*, Zürich; Landert, Prinz und Brunner (wie Anm. 2); Burkhard Lüdtke (2022), *Modell, Architektur, Design. Die Lehre vom Architekturmodellbau*, Berlin
[9] Vitali und Staufer (wie Anm. 2), S. 20

[6] Klaus Klemp (2023), *Braun. Design, das bleibt*, Berlin, p. 94 and 405
[7] Wolfgang Bock (2005), Das Modell zwischen Denkbild und Werkzeug, in: Bauhaus Universität Weimar (Ed.), *Das Modell als Denkbild*, Jahrbuch der Fakultät Gestaltung, Heft 4/2005, p. 13
[8] Examples of this are: Oliver Elser and Peter Cachola Schmal for the Deutsche Architektur Museum, Frankfurt am Main (Eds.) (2012), *Das Architekturmodell. Werkzeug, Fetisch, kleine Utopie*, Zürich; Landert, Prinz und Brunner (see note 2); Burkhard Lüdtke (2022), *Modell, Architektur, Design. Die Lehre vom Architekturmodellbau*, Berlin
[9] Vitali und Staufer (see note 2), p. 20

KLEINER EXKURS ZUM ARCHITEKTURMODELL

Designmodelle sind gegenüber dem Endprodukt selten verkleinert – eine Ausnahme bilden hier große Fahr- und Flugzeuge, Möbel, Raummodelle des Interieur Designs und besagte Großmodelle.[6] Der 1:1-Maßstab gängiger Design-Arbeitsmodelle unterscheidet sie in der Regel von Architekturmodellen, die immer maßstäblich verkleinert sind, weil die verringerte Ausdehnung auch zur Vereinfachung von Komplexität und zu einer mittelbaren Form der Mensch-Umwelt-Beziehung führt. Verkleinerungen machen den Akt der Erfassung und Aneignung von Welt für den Menschen anschaulicher, übersichtlicher, bewältigbarer. Sie dienen der Orientierung.[7]

Über das Modell in der Architektur ist deutlich mehr geschrieben worden als über das Designmodell.[8] Es gibt sogar schon ein kulturgeschichtliches Narrativ, das mit dem berühmtesten Architekturmodell beginnt, hergestellt von Antonio da Sangallos zwischen 1539 und 1546 für die Bauplanungen des Petersdoms in Rom. Es war 4,63 Meter hoch, 6,02 Meter breit und 7,36 Meter lang – also so groß, dass man es betreten konnte. Auch konnten einzelne Bauelemente ausgetauscht werden. Statt also mehrere Lösungen in mehreren Modellen unterzubringen, machte sich Sangallo ein modulares Prinzip zunutze und eröffnete mehrere Gestaltungsmöglichkeiten in einem einzigen Objekt.[9] Er gestaltete damit schon vor fünfhundert Jahren ein anpassungsfähiges, adaptives räumliches Umfeld, ohne digitale Programme, aus Holz.

Der Ausflug in die Architektur sei hier noch erweitert um ein zweites, etwas spezielles, ja hybrides Beispiel, das zeigt, dass etwas in weiterer Hinsicht Modellcharakter haben kann, auch wenn es sich nicht um

A BRIEF DIGRESSION ON THE ARCHITECTURAL MODEL

Design models are rarely scaled down compared to the end product—exceptions to this are large vehicles and airplanes, furniture, spatial models for interior design, and the already mentioned large models.[6] The 1:1 scale of standard design working models typically distinguishes them from architectural models, which are always scaled down, because the reduced scope also leads to a simplification of complexity and to a scrutable form of the human-environment relationship. Reductions in size make the act of grasping and appropriating the world more vivid, clearer, and more manageable for people. They provide orientation.[7]

Much more has been written about the model in architecture than about the design model.[8] There is even a cultural-historical narrative that begins with the most famous architectural model, made by Antonio da Sangallos between 1539 and 1546 for the construction planning of St. Peter's Basilica in Rome. It was 4.63 meters high, 6.02 meters wide, and 7.36 meters long—so large that it could be entered. Individual building elements could also be exchanged. So instead of accommodating several solutions in several models, Sangallo made use of a modular principle and enabled several design options in a single object.[9] Five hundred years ago he designed an adjustable, adaptive spatial environment, without digital programs, out of wood.

This excursion into architecture can be extended here to include a second, somewhat special, even hybrid example, which shows that something

Donato Bramantes Tempietto im Hof von San Pietro in Montorio, Rom

Donato Bramante's Tempietto in the courtyard of San Pietro in Montorio, Rome

[10] Hubertus Günther (1974), Bramantes Hofprojekt um den Tempietto und seine Darstellung in Serlios drittem Buch, in: *Studi Bramanteschi: atti del congresso internationale Milano*, Urbino, Rom, S. 483. Weitere Literatur zum Tempietto: Hubertus Günther (2002), Das komplizierte Ebenmaß der Renaissance-Architektur, in: *Architectura: Zeitschrift für Geschichte der Baukunst*, Bd. 32/2002, S. 149–166. Ders. (1999), Im Bewusstsein der Wirkung, in: *Der Architekt: Zeit schrift des Bundes Deutscher Architekten*, 1999, S. 16–21.

[11] Ebd., S. 498

[12] Christiane Denker Nesselrath (1990), *Die Säulenordnungen bei Bramante*, Römische Studien der Bibliotheca Hertziana, Bd.4, Worms, S. 19ff

[13] Über die Begriffe „Ort", „Stelle", „Platz" siehe Otto Friedrich Bollnow (1963/2004), *Mensch und Raum*, 10. Auflage, Stuttgart, S. 38f

[10] Hubertus Günther (1974), Bramantes Hofprojekt um den Tempietto und seine Darstellung in Serlios drittem Buch, in: *Studi Bramanteschi: atti del congresso internationale Milano*, Urbino, Rom, p. 483. Further literature on the Tempietto: Hubertus Günther (2002), Das komplizierte Ebenmaß der Renaissance-Architektur, in: *Architectura: Zeitschrift für Geschichte der Baukunst*, Bd. 32/2002, p. 149–166. Ibid (1999), Im Bewusstsein der Wirkung, in: *Der Architekt: Zeitschrift des Bundes Deutscher Architekten*, 1999, p. 16–21.

[11] Ibid, p. 498

[12] Christiane Denker Nesselrath (1990), *Die Säulenordnungen bei Bramante*, Römische Studien der Bibliotheca Hertziana, Bd.4, Worms, p. 19ff

ein technisch-funktionales Modell handelt: der Rundtempel, auch Tempietto genannt, in San Pietro in Montorio, ebenfalls in Rom, den der Architekt Donato Bramante 1502 vollendete.[10] Zwar bietet das Kirchlein alles an Bauplastik, Ausstattung und Ritual auf, um als Sakralbau zu funktionieren. Das Eigentümliche am Tempietto ist jedoch seine verringerte Dimension: Der Durchmesser des Innenraumes beträgt nur knapp 4,60 Meter. Er ist im Raummaß somit sogar kleiner als das oben beschriebene Modell der Peterskirche. Der „Tempietto wirkt (...) nur wie ein Modell, eine Epitome des Plans. Die Dimensionen stehen im eklatanten Missverhältnis zur Form"[11]. Der Rundbau ist vor allem wegen seiner Bauplastik als „erster Bau der Renaissance" in die Architekturgeschichte eingegangen.[12] Er wurde zum Vorbild und Muster für kommende Bauten. Im Vergleich zu ähnlichen Bauten merkwürdig verkleinert und in dieser Größenreduktion irritierend, diente er zudem als Studienstück für angereiste Architekten, die Konstruktion, Aufbau und Wirkung in Augenschein nahmen und vermaßen.

Architekturmodelle haben immer die Aufgabe, durch ihre verkleinerte Darstellung der räumlichen Verhältnisse und damit die Herstellung eines räumlichen Überblicks eine Aussage über den zu umbauenden Raum zu treffen. Auch sie gibt es als Entwurfs- und Arbeitsmodelle. Häufig binden Architekturmodelle die Beschaffenheit der Topografie mit ein, vermitteln Größenverhältnisse und auch ein Stück Landschaft, in der sich Architektur ereignen soll – und verdeutlichen so, dass Architektur immer auch ein Eingreifen in die Landschaft bedeutet. Dies gilt besonders bei städtebaulichen Modellen. Sie machen nicht nur ein Gebäude, sondern den Ort – locus iste – sichtbar als im Raum lokalisierbare Stelle, an der ein Gebäude zur Aufstellung kommt.[13]

can have the character of a model in another respect, even if it is not a technical or functional model: the circular temple, also known as the Tempietto, in San Pietro in Montorio, also in Rome, which the architect Donato Bramante completed in 1502.[10] The small church indeed contains architectural sculpture, furnishings, and rituals—everything required to function as a sacred building. What is peculiar about the Tempietto, however, is its reduced dimensions: the diameter of the interior is just under 4.60 meters. It is therefore even smaller than the model of St. Peter's Church described above. The "Tempietto seems (...) merely to be a model, an epitome of the plan. The dimensions are glaringly disproportionate to the form."[11] The circular building has gone down in architectural history as the "first building of the Renaissance," largely due to its architectural sculpture.[12] It became an exemplar and paragon for later buildings. Strangely scaled down in comparison to similar buildings, and its reduced size somewhat disconcerting, it also served as a study piece for visiting architects, who examined and measured its construction, structure, and effect.

Architectural models are always tasked with making a statement about the space to be constructed through their miniaturized representation of spatial conditions and therewith the creation of a spatial overview. They also exist as design and working models. Often, architectural models incorporate topographical features and convey proportions as well as a piece of the landscape where the architecture is to occur, thus making it clear that architecture always means an intervention in the landscape. This is particularly true of urban planning models. They not only

[14] Vilém Flusser (2019/1993), *Vom Stand der Dinge. Eine kleine Philosophie des Designs*, Fabian Wurm (Hg.), Göttingen, S. 82

[13] Regarding the terms "Ort [location]," "Stelle [place]," "Platz [space]" see Otto Friedrich Bollnow (1963/2004), *Mensch und Raum*, 10. Auflage, Stuttgart, p. 38f

[14] Vilém Flusser (2019/1993), *Vom Stand der Dinge. Eine kleine Philosophie des Designs*, Fabian Wurm (Ed.), Göttingen, p. 82

Architekturmodelle sind von öffentlicher Wirkung. Sie sind, je nach Abstraktionsgrad und Detailgenauigkeit, aufwendiger herzustellen und deshalb in der Regel teurer als Designmodelle. Auch haben Architekturmodelle neben ihrer kommunikativen eine deutlich repräsentativere Funktion, weil sie Entscheider:innen aus Öffentlichkeit, Politik und Finanzwelt von der Großartigkeit und Notwendigkeit eines teuren Bauprojektes überzeugen sollen. Es gibt aber auch Architekturmodelle, die bereits existierende Gebäude darstellen, also nicht mehr zur Planung des Baus dienen, sondern allein repräsentative oder didaktische Funktionen haben und die Immobilie sozusagen mobil machen.

DAS DESIGNMODELL – DISKRETION UND LERNEFFEKT

„Wir erkennen, dass Fabrizieren dasselbe meint wie Lernen, nämlich Informationen erwerben, herstellen und weitergeben".[14]

Designmodelle sind also bis auf wenige Ausnahmen reine Arbeitsmodelle. Ihr Charakter ist weniger öffentlich als der des Architekturmodells und weitestgehend auf eine Arbeitsgruppe aus Designer:innen, Ingenieur:innen, Marketingleuten und der Firmenleitung beschränkt. Zudem sind Designmodelle kaum an einen spezifischen Ort gebunden, außer den der Firmen, für deren Arbeitsabläufe sie entwickelt werden. Ist das Arbeitsziel erreicht, hat sich auch die Funktion des Designmodells erschöpft. Daher ist ihre Überlebensdauer in der Regel kurz – sobald sie ihre Aufgabe erfüllt haben, können sie weggeworfen werden. Designmodelle sind von vornherein ephemer angelegt. Ihre Bedeutung für den weiter gefassten kulturellen Kontext wird als eher gering bewertet.

make a building but also the location—*locus iste*—visible as a place that can be located in space where a building is to be erected.[13]

Architectural models have a public impact. Depending on the degree of abstraction and level of detail, they are more laborious to produce and therefore generally more expensive than design models. In addition to their communicative function, architectural models also have a clearly more representational function because they are intended to convince decision-makers from the public, political, and financial spheres of the grandeur and necessity of an expensive construction project. There are also, however, architectural models that represent existing buildings; that is, they no longer serve to plan the construction, but have purely representational or didactic functions and make the property mobile, so to speak.

THE DESIGN MODEL—DISCRETION AND EDUCATIONAL EFFECT

"We recognize that to fabricate means the same thing as to learn, namely the acquisition, production, and transmission of information."[14]

Design models are, with a few exceptions, purely working models. Their character is less public than that of the architectural model and largely limited to a working group of designers, engineers, marketing personnel, and company management. In addition, design models are rarely tied to a specific location, except for the companies for whose work flows they are developed. Once its objective has been achieved, the function of the design model has also been exhausted. Their

Präsentation des Siegerentwurfs für den Stuttgarter Stadtteil Rosenstein durch die Architekturbüros asp Architekten und Koeber Landschaftsarchitektur in Anwesenheit des Stuttgarter Oberbürgermeisters und des Bürgermeisters für Städtebau, Juli 2019.

Presentation of the winning design for Stuttgart's Rosenstein district by the architectural offices asp Architekten and Koeber Landschaftsarchitektur in the presence of the Lord Mayor of Stuttgart and the Mayor for Urban Development, July 2019.

Die idealtypische Abfolge geht von weniger komplexen, nur einzelne Aspekte des späteren Objekts darstellenden Stücken zu immer vollständiger werdenden Modellen: Mit Hilfe von Formmodellen werden zunächst Entscheidungen über das Volumen und die Ausdehnung des künftigen Produkts getroffen; Funktionsmodelle legen den Sitz von Knöpfen und Schaltern, aber auch das Gehäusematerial fest; Farbmodelle definieren schließlich Farben und Oberflächen. Position um Position werden anhand von Modellen die Entscheidungen dokumentiert, kombiniert, verworfen und verfeinert. Modelle speichern somit Wissen und sammeln Informationen, die für ein Arbeitsteam bestimmt sind. Mit den ihnen anhaftenden Daten (Proportion, Gewicht, Materialbedarf, Funktionsleistung, Tastqualität, Temperatur, ja sogar Schallwellen) wird ein Lernprozess, ein didaktischer Weg materiell sichtbar. Wird ein Planungsschritt hinfällig, kann man zurückkehren zum letzten gültigen Entwurf. In Modellen lassen sich somit Formentscheidungen speichern, das Gedächtnis der Mitwirkenden wird an die Erinnerungsfähigkeit des Materials abgegeben. Dieser Prozess des Erkenntnisgewinns geht weiter bis zu jenem Moment, an dem Modell und Endprodukt optisch und haptisch kaum noch auseinanderzuhalten sind – außer dass im Modell kein Motor startet, wenn der entsprechende Knopf berührt oder verschoben wird. Genau in diesem Moment wird das Arbeitsmodell zu einem Repräsentationsmodell, das das Endergebnis des Gestaltungsprozesses verkörpert.

Designmodelle sind Einzelstücke, gefertigt in Modellwerkstätten. Ihr handwerklicher Anteil ist in den älteren Designmodellen der 1950er bis 1970er Jahre deutlich höher als heute. Mit Computern und computergestützten Maschinen wie CAD-Programmen und CNC-Fräsen sowie der Möglichkeit, Entwürfe verkleinert in

survival time is therefore usually short—as soon as they have fulfilled their task, they can be thrown away. Design models are ephemeral from the outset. Their significance for the broader cultural context is generally considered to be minor.

The typical, ideal sequence starts with less complex parts that only represent single aspects of the future object and progresses to increasingly complete models: with the help of form models, decisions are first made about the volume and scope of the future product; functional models determine the position of buttons and switches, but also the housing material; color models finally define colors and surfaces. Step by step, decisions are documented, combined, discarded, and refined on the basis of models. As a result, models store knowledge and collect information intended for the design team. With the data attached to them (proportion, weight, material requirements, functional performance, tactile quality, temperature, even sound waves), a learning process, a didactic path becomes visible in the material itself. If a planning step becomes obsolete, it is possible to return to the last valid design. In this way, decisions about form can be stored in models; the design team's memory is transferred to the material's ability to remember. This process of knowledge acquisition continues until the moment when the model and the end product can hardly be distinguished visually and haptically—except that no motor starts in the model when the corresponding button is touched or pushed. It is precisely at this moment that the working model becomes the presentation model that embodies the final result of the design process.

Der Modellbauer Klaus Zimmermann in der Werkstatt der Braun GmbH, um 1970

Model maker Klaus Zimmermann in his workshop at Braun GmbH, around 1970

3D-Druck für Anschauungszwecke zu erstellen, wird die Faszination des Modells vielleicht relativiert, aber nicht zum Verschwinden gebracht. Auch ein in Schichten aufgebautes 3D-Modell hat seinen optischen Reiz.

DAS EPHEMERE SOLL DAUERN: DESIGNMODELLE IN DER MUSEUMSSAMMLUNG

In Museumssammlungen sind Designmodelle ein vergleichsweise junges Phänomen. Durch die Übertragung eines reinen Arbeitsmodells aus der Designabteilung eines Produktherstellers in die Designsammlung eines Museums verschiebt sich der Gebrauchskontext und es kommt zu einem merkwürdigen Effekt: Der funktionale Werkzeugcharakter des Modells wird zu Gunsten eines Werkcharakters verschoben, ja überblended *(siehe Beitrag von Markus Frenzl)*. Das in Ausstellungen präsentierte Designmodell wird zudem öffentlich und gibt ein Stück weit seine Bescheidenheit und Diskretion auf. Je nach Kontextualisierung in der Museumspräsentation können aber auch seine didaktischen Eigenschaften hervorgehoben und seine Bedeutung innerhalb des Gestaltungsprozesses verdeutlicht werden.

Das Museum Angewandte Kunst verfügt über etwa 1.800 Designmodelle der Firma Braun. Damit kommt dem Museum sowohl eine Vermittlungsaufgabe als auch die Aufgabe der konservatorischen Erhaltung zu *(siehe Beitrag Katja Franziska Siebel und Kathrin Röttger)*. Die Materialien, aus denen Modelle gemacht sind, unterscheiden sich von jenen der Endprodukte in der Regel grundlegend und wurden so gewählt, dass sie nur einen vorübergehenden Zeitraum überdauern mussten. Die Aufgabe des Bewahrens bewegt sich hier im Spannungsfeld zwischen Materialerhaltung und Erhaltung der Entwurfsidee.

Design models are unique pieces, manufactured in model workshops. The amount of craftsmanship that went into the older design models from the 1950s to 1970s is significantly higher than today. With computers and computer-aided machines such as CAD programs and CNC milling machines, as well as the possibility of creating scaled-down, 3D-printed designs for illustrative purposes, the fascination of the model may be relativized, but it has not disappeared. A 3D model built up in layers also has its own visual appeal.

THE EPHEMERAL SHOULD ENDURE: DESIGN MODELS IN THE MUSEUM COLLECTION

Design models are a comparatively recent phenomenon in museum collections. By transferring a purely working model from the design department of a product manufacturer to the design collection of a museum, the context of use shifts and a strange effect occurs: the model's character as a functional tool shifts to that of a work of art—even disappearing completely *(see Markus Frenzl, this volume)*. The design model presented in exhibitions also becomes public and gives up some of its modesty and discretion. Depending on the contextualization in the museum presentation, however, its didactic properties can also be emphasized and its significance within the design process clarified.

The Museum Angewandte Kunst has around 1,800 design models from the company Braun. As such, the museum is tasked with an educational role as well as their conservation *(see Katja Franziska Siebel and Kathrin Röttger, this volume)*. The materials from which models are made usually differ entirely from those of the end products and

Auch die Zuordnung der Designmodelle innerhalb des Museumsbestandes wirft Fragen auf. Die direkte Einbindung in das Konvolut der Designobjekte der Braun GmbH ist das Naheliegende, weil sie, wie beschrieben, den Prozess der Produktwerdung sichtbar machen *(hier Interview mit Benjamin Wilson und Oliver Michl)*. Welche Fragen aber werden aufgeworfen, wenn die Modelle beispielsweise mit dem Bestand von Musterbüchern, Ornamentvorlagen, Druckstöcken und Schablonen in Beziehung gesetzt werden? Die Beispiele stammen aus einem vergangenen Produktionszusammenhang der handwerklichen oder frühindustriellen Fertigung. Auch sie sind Hilfsmittel zur Herstellung von Endprodukten und mit fortschreitender Technisierung der Herstellungsverfahren überflüssig geworden. Der Großteil wurde weggeworfen oder ist schlicht verloren gegangen. Einzelne Museen haben diese Muster oder Schablonen jedoch – aus historischem und ästhetischem Interesse – in ihren Bestand aufgenommen, um daran obsolet gewordene Herstellungspraktiken zu zeigen. Auch Designmodelle, ursprünglich funktional auf den Gestaltungsprozess von Produkten ausgerichtete Hilfsmittel, überholen sich und werden historisch *(siehe Beitrag Judith Block)*.

AUSBLICK

Die brennenden Aufgaben der Gestaltung der Zukunft bestehen nicht darin, funktionierende Produkte an den Markt abzusondern. Sie sind deutlich komplexer und betreffen nicht mehr allein den Menschen mit seinen zuweilen zweifelhaften Interessen, sondern müssen ein Netz aus vielen, auch nicht-humanen Akteur:innen wie Tieren und Pflanzen mit ihren Lebensbedürfnissen berücksichtigen. Auch das biologische Gleichgewicht von Gewässern, Luft und Klima muss Eingang in die Überlegungen zu guter, weil sowohl ökologisch also auch ethisch akzeptabler Gestaltung

were chosen so as to last only for an interim period. The task of conservation here is caught between preserving the material and preserving the design idea.

The classification of design models within the museum collection also raises questions. In the case of the design objects from the Braun inventory, the obvious choice was direct integration into the collection because, as described, they make the process of product creation visible. *(see interview with Benjamin Wilson and Oliver Michl, this volume)*. But what questions emerge, for example, when the models are considered in relation to the collection of pattern books, ornament templates, printing blocks, and stencils? These examples originate from past production contexts based on craftsmanship or early industrial production. They, too, are aids to the production of end products and have become superfluous with the advancing mechanization of manufacturing processes. The majority have been thrown away or simply lost. Nevertheless, individual museums have—out of historical and aesthetic interest—included these patterns or stencils in their collections to showcase manufacturing practices that have become obsolete. Design models, originally functional tools for the product design process, are also becoming obsolete and historica *(see Judith Block, this volume)*.

OUTLOOK

The burning issues for design in the future do not consist of simply releasing functioning products onto the market. They are much more complex and no longer pertain solely to humans with their sometimes dubious interests but must take

[15] Mara Recklies (2021), *Kriterien für gutes Design, die den Schaden maximieren. Überlegungen zur Kriteriologie des Designs*, S. 114f., www.researchgate.net (abgerufen am 08.04.2024)
[16] Ebd., S. 117
[17] Rainer Funke (2011), Moralische Dimensionen von Design, in: Petra Eisele und Bernhard E. Bürdek (Hg.), *Design, Anfang des 21. Jh. Diskurse und Perspektiven*, Ludwigsburg, S. 99

[15] Mara Recklies (2021), *Kriterien für gutes Design, die den Schaden maximieren. Überlegungen zur Kriteriologie des Designs*, p. 114f., www.researchgate.net (accessed on 08.04.2024)
[16] Ibid, p. 117
[17] Rainer Funke (2011), Moralische Dimensionen von Design, in: Petra Eisele und Bernhard E. Bürdek (Eds.), *Design, Anfang des 21. Jh. Diskurse und Perspektiven*, Ludwigsburg, p. 99

finden.[15] Diese benötigt einen anderen Referenzrahmen als jenen der Marke und des Marktes, der ausschließlich den Bedürfnissen von User:innen als Konsument:innen folgt und allein die monetäre Wertschöpfung ins Zentrum stellt.

Bedeutet dies dann das Ende des klassischen Produktdesigns und damit das Ende der Designmodelle? Oder ist eine „Fabrik der Zukunft" für alle noch möglich? Überlegungen hierzu gibt es, so die erwähnte Einbindung aller Lebewesen in Fragen der Gestaltung, die, wie der Mensch auch, abhängig sind von ökologischen Ressourcen. Auch wäre die Stärkung der Menschenrechte für die Entwicklung eines alternativen Designbegriffes fruchtbar zu machen: statt human-centered ein humanity-centered Design.[16] Hierfür Modelle zu erstellen, würde weit über den hier gespannten Rahmen hinausgehen. Und auch wenn wir noch nicht absehen können, wie die Ergebnisse aussehen würden, die mithilfe dieser Modelle entstünden, um die tatsächlichen Probleme der Zukunft in der „Fabrik der Zukunft" zu lösen, so ist doch klar, dass es hierfür Designer:innen braucht, die sich als Agent:innen und Moderator:innen[17] eines wirklichen life-centered Designs verstehen.

into account a network of many actors, including non-human actors such as animals and plants with their essential needs. The biological equilibrium of bodies of water, air, and the climate must also be taken into account when thinking about design that is good because it is both ecologically and ethically acceptable.[15] This requires a different frame of reference than that of the brand and market, which exclusively follows the needs of users as consumers and focuses solely on the creation of monetary value.

Does this mean the end of classic product design and with it the end of design models? Or is a "factory of the future" still possible for everyone? Considerations in this regard include the aforementioned involvement of all living beings in questions of design, which, like humans, are dependent on ecological resources. The strengthening of human rights would also be fruitful for the development of an alternative concept of design: instead of human-centered, humanity-centered design.[16] Creating models for this would go far beyond the scope of this chapter. And even if we cannot yet foresee what the results would look like if these models were used to solve the real problems of the future in the "factory of the future," it is clear that designers are needed who see themselves as agents and moderators[17] of a truly life-centered design.

[1] Vgl. Website von Konstantin Grcic, http://konstantin-grcic.com/projects/the-good-the-bad-the-ugly/ (abgerufen am 04.03.2024)

1 See Konstantin Grcic's website, http://konstantin-grcic.com/projects/the-good-the-bad-the-ugly/ (accessed on March 4, 2024)

Denken in Pappe und Polystyrol
Modelle im Design zwischen Ideenspeicher, Gegenständlichkeitskonserve und Kontaktreliquie

2015 wurde in der Neuen Sammlung in München mit der Ausstellung *The Good, The Bad, The Ugly* eine Werkschau des Designers Konstantin Grcic präsentiert. Einer der drei Teile der Ausstellung bestand aus der nahezu vollständigen Entwurfs- und Entwicklungsgeschichte seines *Chair_One*. Der markante Stuhlentwurf entstand in einem mehrjährigen Prozess zwischen 1999 und 2004 für den Hersteller Magis. Mit seinen polygonalen Formen und einer Ästhetik, die an computergenerierte Grid-Modelle erinnert, wurde der *Chair_One* in Wohnungen, Büros und Fotostrecken schnell zum charakteristischen Objekt der digitalen Zeit. Dabei wurde der Stuhl noch weitgehend auf analoge Weise entworfen – mit Pappe und Tape, Trial and Error. Die Ausstellung zeigte 25 Entwurfsmodelle aus Draht, Pappe, Pappmaché, Stahlblech oder 3D-gedrucktem Nylon und stellte sie dem tatsächlich produzierten Serienprodukt gegenüber.[1] Die Modelle wurden in eigens gestalteten Ausstellungskuben aus schwefelgelben Stahlblech-Lochprofilen präsentiert. Auf dicken, in die Kuben eingelegten Glasplatten standen die metallenen Prototypen des Stuhls ebenso wie die einfachen, labilen und improvisiert mit Klebefilm zusammengefügten Vormodelle aus Pappe. Auf den ebenfalls schwefelgelben Texttafeln fanden sich nicht nur Informationen zum jeweiligen Material und den Besonderheiten des Modells, sondern auch konservatorische Angaben, etwa zur Behandlung mit einer bestimmten Konservierungsflüssigkeit oder zum Austausch von Klebefilmstreifen.

Der Kontrast zwischen unbekümmertem, bricolageartigem Pragmatismus und konservatorischer Akribie hätte kaum größer sein können: Ein schnell zusammengeschustertes Modell aus Draht und verblasstem Malerkrepp traf auf ein solides, scheinbar für die Ewigkeit gemachtes Archivregal in Signalfarbe, improvisiertes Bastelmaterial kollidierte mit dem musealen

Thinking in Cardboard and Polystyrene
The Design Model between Idea Storage, Materiality Trove, and Designer's Relic

In 2015, The Design Museum in Munich dedicated an exhibition to the work of designer Konstantin Grcic entitled *The Good, The Bad, The Ugly*. One third of the three-part show featured almost the entire design and development history of his *Chair_One*. The striking chair design was created in a multi-year process between 1999 and 2004 for the manufacturer Magis. With its polygonal shapes and an aesthetic reminiscent of computer-generated grid models, *Chair_One* quickly became a paradigmatic object of the digital age in apartments, offices, and photo spreads. The chair's design was still largely an analog process – with cardboard and tape, trial and error. The exhibition displayed 25 design models made of wire, cardboard, papier-mâché, sheet steel, or 3D-printed nylon and juxtaposed them with the actual series product.[1] The models were shown in specially designed exhibition cubes made of perforated, sulfur-yellow sheet steel profiles. The metal prototypes of the chair stood on thick glass plates inserted into the cubes, as did the simple, unstable cardboard preliminary models that had been improvised and stuck together with adhesive tape. Their descriptive labels, also in sulfur yellow, not only contained information on the respective material and special features of the model, but also conservation information, such as treatment with a specific conservation solution or the replacement of adhesive film strips.

The contrast between carefree, bricolage-like pragmatism and the meticulousness of the conservator could hardly have been greater: a quickly cobbled-together model made of wire and faded painter's tape met a solid, boldly colored archive shelf, seemingly built for eternity; improvised craft materials collided with the museum's claim

[2] Sandra Hofmeister, Tanz um eine Ikone, in: *Neue Zürcher Zeitung* vom 08.12.2015
[3] Siegfried Gronert und Wolfgang Bock, Einleitung, in: Dies. (Hg.) (2005): *Das Modell als Denkbild – Jahrbuch der Fakultät Gestaltung*, H. 4, Bauhaus-Universität Weimar, Weimar, S. 7
[4] Der Begriff „Designmodell" bezeichnet im Fachkontext auch ein elaboriertes Modell mit hochwertigem Finish, mit dem das Endprodukt perfekt antizipiert wird. Er wird im Folgenden jedoch analog zum Begriff „Architekturmodell" in der Bedeutung eines Modells im Bereich von Produkt- oder Industriedesign verwendet. Vgl. hierzu z. B. Siegfried Gronert, *Das Modell im Design* (wie Anm. 1), S. 83f.

[2] Sandra Hofmeister, Tanz um eine Ikone, in: *Neue Zürcher Zeitung* from December 8, 2015
[3] Siegfried Gronert and Wolfgang Bock, Introduction, in: Gronert and Bock (eds.) (2005): *Das Modell als Denkbild - Jahrbuch der Fakultät Gestaltung*, H. 4, Bauhaus-Universität Weimar, Weimar, p. 7
[4] In a technical context, the term "design model" also refers to an elaborate model with a high-quality finish that perfectly anticipates the end product. In the following, however, it is used analogously to the term "architectural model" in the sense of a model for product or industrial design. Cf. for example Siegfried Gronert, *Das Modell im Design* (see note 1), p. 83f.

Anspruch auf Unvergänglichkeit. Die Journalistin Sandra Hofmeister kritisierte in ihrer Ausstellungsbesprechung in der *Neuen Zürcher Zeitung*, dass sich durch diese Art der Präsentation der Annäherungsprozess an das fertige Produkt nur erahnen ließe: „Denn die Ausstellung erklärt ihn nicht, sondern stilisiert stattdessen einzelne Stationen aus der Phase von Entwurf und Entwicklung des Stuhls zu Kunstobjekten, die ohne Kontext für sich sprechen sollen."[2]

Das Modell dient in der Gestaltung der Visualisierung einer Zukunftsvorstellung: „Es erlaubt anschauliche Projektionen im Stadium eines *Als ob*, einer artifiziellen Welt *en miniature*."[3] Anders als beim notwendigerweise verkleinerten Architekturmodell dient jedoch das Modell eines Produktentwurfes, meist im Maßstab 1:1, der Entwicklung und Überprüfung von Volumina, Proportionen, Linien, Lichtkanten, Oberflächen, Haptik, Textur- oder Farbwirkungen. Es erlaubt das unmittelbare Testen und Verfeinern von Funktionen oder Bedienungen, aber auch die Präsentation gegenüber den Auftraggeber:innen. Fast nie wird es mit der Zielsetzung angefertigt, eine breite Öffentlichkeit von einer Entwurfsidee zu überzeugen, wie es etwa Stadtplanungsmodelle tun. Während historische Modelle von Schlössern, Gärten oder ganzen Städten ihren feudalen Auftraggeber:innen als stolze Repräsentationsobjekte oder zur Anpreisung einer Idealvorstellung dienten, eine große Öffentlichkeit erreichten und oft noch nach Jahrhunderten erhalten sind, waren Designmodelle[4] fast nie öffentlich. Erhaltene historische Modelle von Designentwürfen sind selbst in Museen selten. Was wir heute Design nennen, war vor der Industrialisierung eine Tätigkeit, die in der Regel von den ausführenden Handwerker:innen selbst übernommen wurde und nur selten eine vermittelnde Zeichnung oder ein Modell erforderte. Erst mit der Trennung und Ausdifferenzierung der Tätigkeiten des

to immortality. In her review of the exhibition in the *Neue Zürcher Zeitung*, journalist Sandra Hofmeister criticized the presentation, claiming that it provided only an approximation of how the finished product was achieved: "Because the exhibition does not explain it, but instead stylizes the individual steps in the design and development phase of the chair into art objects that are meant to speak for themselves without context."[2]

In design, the model serves to visualize a future idea: "It allows for vivid projections at the stage of *as if*, an artificial world in miniature."[3] Unlike the necessarily shrunken architectural model, the product design model—usually at a scale of 1:1—aids the evolution and evaluation of volume, proportions, lines, edge lighting, surfaces, haptics, and texture or color effects. It allows for direct testing and refinement of functions or features, as well as presentation to the client. It is almost never made with the goal of winning over a broad public to a design idea, like urban planning models do. Whereas historical models of castles, gardens, or entire cities served their feudal patrons as proud objects laden with prestige or to promote an ideal, reached a large public and are often still preserved centuries later, design models[4] were almost never public. Preserved historical models of design mock-ups are rare, even in museums. Before industrialization, what we call design today was an activity usually carried out by craftspeople and rarely required a preliminary drawing or model. It was only with the separation and differentiation of the activities of design on the one hand and production on the other, for example in the porcelain manufactories of the eighteenth century, that the idea of an independent design activity by draftsmen and

[5] Vgl. ebd., S. 79
[6] Vgl. ebd., S. 83

[5] Cf. ibid., p. 79
[6] Cf. ibid., p. 83

Entwerfens einerseits und der Herstellung andererseits, etwa in den Porzellanmanufakturen des 18. Jahrhunderts, entstand die Vorstellung von einer eigenständigen Entwurfstätigkeit durch Zeichner:innen und Ornamentist:innen. Mit der Industrialisierung im 19. Jahrhundert bis zum frühen 20. Jahrhundert formte sich das Design zu einer Disziplin, deren Rollenfindung zwischen Kunst und Kommerz, Kunsthandwerk und Industrie, zwischen den Anforderungen von Produzent:innen und Nutzer:innen, Warenkommunikation[5] und Verbesserung der Lebensumstände sowie zwischen Gesellschaftsgestaltung und Konsumförderung bis heute die Designdebatten prägt.

Dementsprechend unterschiedlich fällt auch die Wertschätzung des Designmodells aus: Sie pendelt zwischen Geringschätzung eines wertlosen, pragmatischen Entwurfs-Tools auf der einen und Überbewertung des einzigartigen Artefakts von der Hand eines Kreativgenies auf der anderen Seite. Häufig wurden Vormodelle, Proportionsstudien, Volumenmodelle oder Mockups weggeworfen, sobald das fertige Produkt in die Fertigung ging. Blieben sie erhalten, wurden sie im Archiv von Hersteller:in oder Designer:in oft unsystematisch gelagert und nur vereinzelt wissenschaftlich ausgewertet. In die Designmuseen gelangten sie im Idealfall über Nachlässe und finden dort bis heute nur selten den Weg aus den Archiven in eine öffentliche Ausstellung.

Das Designmodell bestand im 20. Jahrhundert meist aus einfachen Materialien wie Gips, Pappe, Draht, Schaumstoff, Plastikfolie, Holz oder Sperrholz. Es zeigte als Proportions- oder Volumenmodell nur die grobe Ausformung eines Objekts. Als Funktionsmodell erlaubte es die Überprüfung der späteren Nutzung, als Anschauungs- oder Industriemodell[6] – mit immer weiter verfeinerter Modellbau-Expertise und immen-

ornamentists emerged. With the onset of industrialization in the nineteenth century and into the early twentieth century, design took shape as a discipline whose position between art and commerce, craftsmanship and industry, between the demands of producers and users, the communication of goods[5] and the improvement of living conditions, as well as between shaping society and promoting consumption, continues to shape design debates to this day.

As such, appreciation of the design model varies: it oscillates between disdain for a worthless, pragmatic design tool on the one hand and excessive esteem for the unique artifact from the hand of a creative genius on the other. Preliminary models, proportion studies, volumetric models or mock-ups were often thrown away as soon as the finished product went into production. If they were preserved, they were often stored unsystematically in the manufacturer's or designer's archive and only occasionally assessed by scholars. Ideally, they found their way into design museums via estates, where they rarely find their way out of the archives and into a public exhibition.

In the twentieth century, the design model usually was made from simple materials such as plaster, cardboard, wire, foam, plastic film, wood, or plywood. As a proportional or volumetric model, it only showed the rough shape of an object. As a functional model, the later use could be tested; as an illustrative or industrial model[6]—manufactured with increasing model-making expertise and immense effort—it gave the impression of being as close to production as possible. A model in design is therefore not usually

Pappmodell des Stuhles *Chair_One*, Design: Konstantin Grcic, 2003

Cardboard model of the chair *Chair_One*, design: Konstantin Grcic, 2003

sem Aufwand gefertigt – eine möglichst produktionsnahe Anmutung. Ein Modell im Design wird deshalb in der Regel nicht gleichermaßen als Kunstwerk betrachtet wie die Vorzeichnung für ein Deckenfresko oder die Skizze für ein Gemälde. Dabei lässt sich an den Schichten eines Designmodells, an den direkt auf das Material notierten Maßangaben eines geänderten Radius oder an den im Objekt ablesbaren Experimenten zur Überprüfung der Lichtkanten gleichermaßen der Ideenfindungs- und Entwurfsprozess, das Verwerfen und die Überarbeitung, die Vision einer künftigen Form, einer funktionalen Optimierung oder verbesserten Nutzung ablesen.

Doch anders als eine künstlerische Vorzeichnung spiegelt das Designmodell meist nicht die Kreativarbeit eines einzelnen, autark agierenden Kreativgenies, sondern ist fast immer Ausdruck eines Aushandlungsprozesses zwischen Gestalter:innen, Auftraggeber:innen, den Anforderungen von Produktion oder Marketing und natürlich auch denen der potenziellen Nutzer:innen: Hier muss ein Hinterschnitt reduziert werden, damit das Produkt in Spritzgusstechnik produziert werden kann; dort muss ein geringeres Produktgewicht erzielt werden, das der Vertrieb für einen kostengünstigeren Versand fordert. Nachhaltigkeitsaspekte machen es nötig, einen Entwurf hinsichtlich seiner späteren Entsorgung, Rezyklierbarkeit oder Kreislauffähigkeit zu überdenken. Das Marketing verlangt eine radikalere, werbetaugliche Form. Oder die Unternehmensleitung äußert den oft gehörten Wunsch, mit einem Entwurf zum „Apple der Branche“ zu werden.

Dieser Aushandlungsprozess ist alltäglicher Teil der gestalterischen Praxis. In den Medien wird er jedoch kaum vermittelt und von der Öffentlichkeit kaum wahrgenommen. Oftmals wird Design stattdessen

regarded as a work of art in the same way as a preliminary drawing for a ceiling fresco or a sketch for a painting. A design model's layers, the dimensions of a modified radius noted directly on the material, or the experiments to check the object's edge lighting, however, all reveal the discovery and design process, the discarding and revision, the vision of a future form, of a functional optimization or improved use.

Unlike a preliminary sketch, however, the design model does not usually reflect the creativity of a single, self-sufficient genius, but is almost always the expression of a process of negotiation between the designer, the client, the requirements of production or marketing and, of course, those of the potential users: here, an undercut must be reduced so that the product can be produced using injection molding technology; there, a lower product weight must be achieved as required by the distribution department for more cost-effective shipping. Sustainability considerations make it necessary to rethink a design in terms of its subsequent disposal, recyclability, or reusability. Marketing demands a more radical form suitable for advertising. Or the company management expresses the often-heard desire to become the “Apple” of the industry with a design.

This negotiation process is an everyday part of design practice. Nevertheless, it is rarely communicated in the media, and is hardly noticed by the public. Instead, design is often misunderstood as an artistic sub-discipline in which creative intuition alone is the decisive factor—as evidenced by Arte or Netflix programs[7] full of art terminology about star designers or the repeated dictum “design is art that makes itself useful.”[8]

[7] Cf. e.g. *Absolut Grcic*, Arte 2011, or *Abstrakt - Design als Kunst*, Netflix 2017

[8] Cf. e.g. Hans Wichmann (1990), *Industrial Design, Unikate, Serienerzeugnisse: Die Neue Sammlung, ein neuer Museumstyp des 20. Jahrhunderts - Kunst, die sich nützlich macht*, München 1990

[7] Vgl. z. B. *Absolut Grcic*, Arte 2011, oder *Abstrakt – Design als Kunst*, Netflix 2017
[8] Vgl. z. B. Hanss Wichmann (1990), *Industrial Design, Unikate, Serienerzeugnisse: Die Neue Sammlung, ein neuer Museumstyp des 20. Jahrhunderts – Kunst, die sich nützlich macht*, München
[9] Vgl. hierzu z. B. Claudia Mareis (2011), *Design als Wissenskultur: Interferenzen zwischen Design- und Wissensdiskursen seit 1960*, Bielefeld

[9] Cf. in this regard e.g. Claudia Mareis (2011), *Design als Wissenskultur: Interferenzen zwischen Design- und Wissensdiskursen seit 1960*, Bielefeld

als künstlerische Teildisziplin missverstanden, bei der allein die kreative Intuition ausschlaggebend sei – wie es mit Kunstterminologie gespickte Arte- oder Netflix-Reportagen[7] über Stardesigner:innen oder das immer wieder vorgebrachte Diktum „Design ist Kunst, die sich nützlich macht“[8] belegen. Erst in den letzten Jahrzehnten ist die Erkenntnis gewachsen, dass im gestalterischen Entwurfsprozess eine eigenständige wissensgenerierende Praxis zu erkennen ist, die sich ebenso deutlich von der künstlerischen Praxis unterscheidet wie von klassisch-naturwissenschaftlicher Forschung. Doch wo in der medizinischen Forschung das Schwenken eines Reagenzglases als anerkannte Forschungsmethode gilt, ist das experimentelle und iterative Herantasten an eine perfekte Form längst nicht überall als gestalterische Forschungstätigkeit anerkannt. Wenn Design als eigene epistemische Praxis betrachtet wird, wie es in der Designforschung etablierte Grundannahme ist[9], dann ist das Modell vielleicht das Reagenzglas der Designbranche: Modelle filtern und kondensieren Entwurfsideen. Das Konzept entsteht im Produktdesign oft nicht in Gänze vorab, sondern auch über die Arbeit am Modell. Als Zeitspeicher machen Modelle Konzeptverfeinerungen, Entwurfsfortschritte und Zwischenstufen der Lösungsfindung nachvollziehbar. Manchmal zeigen sie sogar auf, wie die Ästhetik des Modellmaterials die spätere Materialwahl des Serienproduktes beeinflusst hat.

Die Digitalisierung hat auch Entwurf und Modell im Produktdesign tiefgreifend verändert – vom Einscannen analoger Modelle und ihrer Umwandlung in digitale Daten über native digitale Entwurfs- und Modellbaumöglichkeiten, die immer günstiger verfügbaren 3D-Drucke, die Potenziale KI-generierter Entwürfe und ihrer schnellen Variantenbildung bis hin zu einer digitalen Visualisierung, die mit VR-Brille

Only in recent decades has the realization grown that an independent knowledge-generating practice can be found in the creative design process, which differs just as clearly from artistic practice as it does from classical scientific research. Whereas swirling a test tube is a recognized method in medical research, the experimental and iterative approach to a perfect form is by no means universally recognized as a research activity in design. If design is regarded as an autonomous epistemic practice, as is the established basic assumption of design research,[9] then the model is perhaps the test tube of the design industry: models filter and condense design ideas. When developing a product, the design is often not created entirely in advance, but also during work on the model. As a chronological record, models make tangible design refinements, the progression of the design, and the intermediate stages of problem-solving. Sometimes they even show how the aesthetics of the model material influenced the later choice of material for the series product.

Digitalization has also profoundly changed design and modeling in product development—from scanning analog models and converting them into digital data to native digital design and model-building options, increasingly affordable 3D printing, the potential of AI-generated designs and their rapid creation of variants, and digital visualization that, with the help of VR glasses, can even replace the ergonomics of the physical functional model. But since every technological change leads to a reassessment of what came before, the analog model has also been revalued in the face of its impending loss of significance: in fact, it is now often considered the more authentic and honest model, whose imperfection

links: zerstörtes Pappmodell des Stuhles *Chair_One*

rechts: Pappmodell eines Barhockers, Design: Konstantin Grcic, 2003

left: Destroyed cardboard model of the chair *Chair_One*

right: Cardboard model of a bar stool, design: Konstantin Grcic, 2003

[10] Vgl. hierzu z. B. Silvia Henke, Dieter Mersch, Thomas Strässle, Nicolaj van der Meulen und Jörg Wiesel (Hg.) (2023), *Praktiken Ästhetischen Denkens – 9 Essays zur Neuverhandlung von Kunst und Ästhetik*, Bielefeld, S. 23 und S. 183

das gegenständliche Funktionsmodell sogar in Fragen der Ergonomie ersetzen kann. Da aber bei jedem technologischen Wandel das Vorherige eine Neubewertung erfährt, hat auch das analoge Modell angesichts seines drohenden Bedeutungsverlustes eine Aufwertung erfahren: Es gilt nun sogar oft als das authentischere und ehrlichere Modell, dessen Imperfektion und Charakterstärke ähnlich wertgeschätzt wird wie der warme Klang der Schallplatte nach dem Siegeszug der CD. Wenn es um die Veranschaulichung von Haptik, Bedienung, Körperbezug, Material- oder Volumenqualitäten geht, wird das analoge, schnelle und unfertige Modell als Kommunikations-Tool nun gelegentlich ganz bewusst und demonstrativ dem digitalen vorgezogen. Designer:innen definieren sich nun stärker darüber, wie schnell sie in die Werkstatt und in die gegenständliche, „händische" Auseinandersetzung mit dem Material gehen als zu einer Zeit, als dies noch der gängige Entwurfsprozess war.

Viele Designer:innen betrachten das „Denken mit den Händen"[10] als spezifische ästhetische Gestaltungspraxis, die mutmaßlich eine andere Qualität hervorbringt als der Entwurf im Digitalen. Manche behaupten sogar, Serienprodukten ansehen zu können, ob ihr Entwurf vorwiegend am Computer oder in der Modellbauwerkstatt entstanden ist. Das analoge Modell hat dadurch eine Aufwertung als Ausdruck eines gestalterisch-handwerklichen Ethos, einer authentischeren und glaubhafteren Auseinandersetzung mit dem Designprozess erfahren, in dem sich die Bewahrung des Gegenständlichen als eine neue gestalterische Aufgabe manifestiert. Das aus früheren Jahrzehnten erhaltene analoge Modell wird nun sogar in die Nähe künstlerischer Vorstudien gerückt, an denen künstlerischer Genius und die Vorwegnahme einer vollkommenen finalen Entwurfslösung erfahrbar werden. Mit dem Charme des Unperfekten vermitteln

[10] Cf. in this regard e.g. Silvia Henke, Dieter Mersch, Thomas Strässle, Nicolaj van der Meulen and Jörg Wiesel (eds.) (2023), *Praktiken Ästhetischen Denkens – 9 Essays zur Neuverhandlung von Kunst und Ästhetik*, Bielefeld, p. 23 and p. 183

and strength of character is valued in much the same way as the warm sound of the vinyl record after the triumph of the CD. When it comes to conveying the feel, operation, relationship to the body, qualities of materials or their volume, the analog, quick and unfinished model is now occasionally deliberately and demonstratively preferred to the digital as a tool of communication. Designers now define themselves more strongly by how quickly they enter the workshop and engage with the material in an objective, "manual" way than at a time when this was still the standard design process.

Many designers regard "thinking with their hands"[10] as a specific aesthetic design practice that presumably produces a different quality than digital design. Some even claim to be able to tell from serial products whether their design was primarily created on a computer or in a model-making workshop. The analog model has thus been revalued as an expression of a design-craft ethos, a more authentic and credible approach to the design process, in which the preservation of the concrete manifests itself as a new design task. The analog model preserved from earlier decades is now approaching the realm of artistic preliminary studies, in which artistic genius and the anticipation of a perfect final design solution can be experienced. With the charm of imperfection, models also often convey a closeness to the designers that cannot be experienced to the same extent in the end product. For fans of design, the fact that the models themselves were touched by the designer's hand turns them increasingly into aura-imbued relics – the remnants of a glorified act of creation – which is at odds with the pragmatism of the usual design process in a team and the purpose of a series product.

[11] Vgl. Gronert (2005), *Das Modell im Design* (wie Anm. 1), S. 79
[12] Vgl. ebd., S. 81ff

[11] Cf. Gronert (2005), *Das Modell im Design* (see note 1), p. 79
[12] Cf. ibid. p. 81ff.

Modelle zudem häufig eine Nähe zu den Entwerfer:innen, die am Endprodukt nicht gleichermaßen erfahrbar ist. Dass die Modelle selbst von Designer:innen-Hand berührt wurden, macht sie in der Wahrnehmung von Designfans sogar immer häufiger zu auratisch aufgeladenen Kontaktreliquien und zu Relikten eines verklärten Schöpfungsaktes, die in merkwürdigem Kontrast zum Pragmatismus des üblichen Gestaltungsprozesses im Team und zur Zielsetzung eines Serienproduktes stehen.

Entwurf und Modell gelten noch immer als wesentliche Medien der Produktgestaltung.[11] Im musealen Kontext gilt es, das Designmodell als Ausdruck des Modellbegriffes seiner Zeit – etwa als Versuchsmodell oder Industriemodell[12] – zu präsentieren, aber auch in seiner eigenständigen Ästhetik und oft ephemeren Materialität, als Ausdruck eines zeitspezifischen Gestaltungsprozesses und der Vergegenständlichung von Entwurfsideen. Bei gängiger kunsthistorischer Betrachtung kommt dem Entwurfsmodell eines Serienproduktes dabei oft unbeabsichtigt ein unikaler und dauerhafter Charakter zu, der es sogar als Kunstwerk überhöht und so dem Selbstverständnis des Designs und dem Entwurf als Aushandlungsprozess nur schwer gerecht wird. Vor dem Hintergrund der Debatte um die Grenzziehung zwischen Kunst und Design wirkt das Designmodell in der Museumsvitrine oft unfreiwillig komisch.

Vielleicht war die Diskrepanz zwischen gestalterischem Modellbaupragmatismus und musealem Deutungsbedürfnis sogar das eigentliche Thema der Münchner Ausstellung zum *Chair_One*. Bei einem Modell fanden sich sogar konservatorische Angaben über die exakte Materialzusammensetzung des Pappmachés („Zeitungspapier [Süddeutsche Zeitung] und Tapetenkleister (Metylan]“) – als gelte es, für die Nachwelt

The draft design and model are still regarded as essential vehicles for product development.[11] In the museum context, the design model must be presented as an expression of the definition of the model at the time—for example, as an experimental model or industrial model[12]—but also in its own aesthetic and often ephemeral materiality, as an expression of a time-specific design process and the concretization of design ideas. From a current art-historical perspective, the design model of a series product often unintentionally takes on a unique and permanent character, which even inflates it to the status of a work of art, making it difficult to do justice to the very nature of design and design as a process of negotiation. Against the backdrop of the debate about the boundaries between art and design, the design model in the museum display case often seems unintentionally comical.

Perhaps the discrepancy between pragmatic design model-making and the museum's need for interpretation was the actual theme of the Munich exhibition of *Chair_One*. One model even contained conservation information about the exact material composition of the papier-mâché (“newsprint [Süddeutsche Zeitung] and wallpaper paste [Metylan]”)—as if Michelangelo's secret paint formulas were to be documented for posterity. With the Munich exhibition, and perhaps even before, the analog design model itself became a museum art object worthy of protection. It almost seemed as if the comprehensive presentation of the genesis of an analog product with its many reworked cardboard versions, preliminary studies or illustrative models was intended to musealize, archive, and preserve the previously standard creative process of an object of product

die geheimen Farbrezepturen eines Michelangelo zu dokumentieren. Spätestens mit der Münchner Ausstellung ist das analoge Designmodell selbst zum schützenswerten musealen Kunstobjekt geworden. Fast schien es, als ob mit der umfassenden Präsentation einer analogen Produktgenese mit ihren vielfach überarbeiteten Pappvarianten, Vorstudien oder Anschauungsmodellen der bislang gängige Entstehungsprozess eines Produkt- oder Industriedesignobjektes selbst musealisiert, archiviert und konserviert werden sollte, bevor er endgültig der Digitalisierung zum Opfer fällt und für die Digital Natives nicht mehr nachvollziehbar ist.

or industrial design before it finally falls victim to digitalization and is no longer comprehensible to the digital natives.

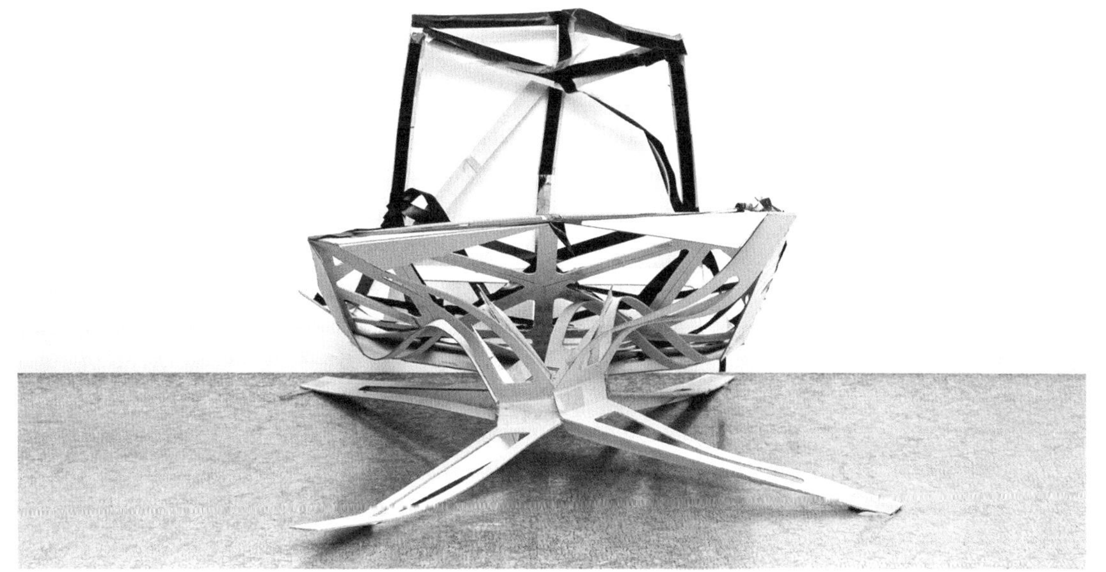

Zerstörtes Pappmodell des Stuhles *Chair_One*

Destroyed cardboard model of the chair *Chair_One*

DE

Das Modell als Beweis
Oliver Michl, Leiter der Braun-Modellbauabteilung, und Ben Wilson, Industriedesigner bei Braun, im Gespräch mit Grit Weber

AUSBILDUNG UND ARBEITSALLTAG

Oliver Michl, wie sah dein Weg in die Designabteilung und den Modellbau aus?
Oliver Michl (OM) Ich habe bei der Firma Braun eine Ausbildung als Industriemechaniker gemacht, Fachrichtung Geräte- und Feinwerktechnik. Im Rahmen der Ausbildung hatte ich einen dreimonatigen Einsatz im Modellbau und war von Anfang an begeistert. Ich kam aus einer Metallwerkstatt in die Räume des Modellbaus: Alles war hell, Holzböden, saubere, ruhige Atmosphäre. Ich konnte an interessanten Modellbauprojekten arbeiten und einen ersten Einblick in den Modellbau bei Braun bekommen. Als ich dann 1990 im letzten Ausbildungsjahr war, hat man in der Designabteilung für den Modellbau jemanden gesucht. Klaus Zimmermann, der damals Leiter der Abteilung war, sagte dann zum Glück: „Wenn du willst, kannst du bei uns anfangen."

Ben Wilson, wie sah dein Weg zum Design aus?
Ben Wilson (BW) Ich habe an der Swinburne University in Melbourne Industriedesign studiert. Schon als junger Mensch hat mich immer interessiert, wie Dinge gemacht werden. Als ich dann in den Beruf des Industriedesigners einstieg, kam ich schnell an den Punkt, an dem ich meine Ideen, die Skizzen und Entwürfe am liebsten auch selbst sofort umsetzen wollte – entweder durch eigene handwerkliche Arbeit oder zusammen mit einem Modellbauer oder einer Modellbauerin. Das ist die industrielle und handwerkliche Seite meines Berufs. Dafür brauchst du bestimmte Skills, und zu denen gehört: Modelle bauen. In meiner Universität in Melbourne hatten wir eine tolle Modellbauabteilung – da gab es einen Metallspezialisten, einen Schreiner und einen, der wusste, wie man Häuser baut.

Welche Wege in den Modellbau gibt es noch, und was lernt man hier bei Braun?

EN

The Model as Proof
Oliver Michl, Head of Model Making at Braun, and Ben Wilson, Industrial designer at Braun, in conversation with Grit Weber

TRAINING AND THE WORKPLACE

Oliver Michl, how did you find your way into the design department and model making?
Oliver Michl (OM) I trained as an industrial mechanic at Braun, specializing in equipment and precision engineering. As part of my training, I spent three months working in model making and was fascinated right from the start. I came from a metal workshop to the model making facilities: everything was bright, wooden floors, a clean, quiet atmosphere. I was able to work on interesting model making projects and get a first impression of model making at Braun. When I was in my final year of training in 1990, they were looking for someone to join the design department in model making. Fortunately, Klaus Zimmermann, who was head of the department at the time, said: "If you want, you can start with us."

Ben Wilson, how did you get started in design?
Ben Wilson (BW) I studied industrial design at Swinburne University in Melbourne. Even as a young person, I had always been interested in how things were made. When I became an industrial designer, I quickly reached the point where I wanted to implement my ideas—my sketches and designs—right away. Either by doing it myself, with my own two hands, or together with a model maker. That's the industrial and manual side of my job. To do it, you definitely need certain skills, which include building models. At my university in Melbourne, we had a great model-making department—there was a metal specialist, a carpenter, and someone who knew how to build houses.

How else can you get into model making, and what can you learn here at Braun?

OM Alle Modellbauerinnen und Modellbauer, die momentan hier bei Braun arbeiten, haben zuvor eine Ausbildung bei P&G gemacht, wurden während der Ausbildung für den Modellbau ausgewählt und haben sich dann für die speziellen Anforderungen weiterqualifiziert. Design-Modellbau, wie wir ihn hier brauchen, gibt es nicht als Ausbildungsberuf. Es ist gut, wenn man eine technische Ausbildung hat, aber alles, was man darüber hinaus braucht – Oberflächenfinish, Lackieren, CAD/CAM-Programmierung und die Erfahrung für die Erstellung von komplexen Designmodellen –, das lernt man als „Training on the Job". Und man lernt über viele Jahre immer weiter dazu. Es braucht viel Zeit, bis man richtig gut darin ist.

Wie funktioniert die Arbeitsteilung in der Modellwerkstatt?
OM Früher gab es Leute, die ausschließlich programmiert haben, und Leute, die nur manuell tätig waren, also die zum Beispiel nur lackiert haben. Als ich 2007 den Modellbau hier übernommen habe, habe ich genau das geändert. Wir machen alle den kompletten Prozess durch: CAD-Arbeit, die Programmierung an den Maschinen, wir fräsen die Teile, wir finishen, wir lackieren sie und bauen die Teile am Ende zusammen. Jede und jeder macht alles. Dadurch hat man natürlich nicht so eine tiefe Spezialisierung, aber es hat den Vorteil, dass man motivierter ist, weil man von Anfang bis Ende dabei ist.

Was ist das Besondere an einem Designmodell?
BW Manche Designmodelle wirken nur ästhetisch, andere müssen eine Funktionsweise darstellen. Und genauso, wie jedes Projekt ein Einzelstück ist, ist der Ablauf im Modellbau immer maßgeschneidert und einzigartig. Es gibt natürlich Erfahrungswerte mit bestimmten Modellen, aber manchmal kommen Projekte rein, da fängt man bei null an. Und da ist

OM All of the model makers who currently work at Braun have previously completed an apprenticeship at P&G, were selected for model making during their training, and then went on to gain further qualifications for specific requirements. An apprenticeship in design model making alone, as required here, does not exist. It's good if you have a technical education, but everything you need beyond that—surface finishing, painting, CAD/CAM programming, and the experience to create complex design models—you learn on the job. And you continue to learn over many years. It takes a lot of time to get really good at it.

How is the division of labor structured in the model workshop?
OM There used to be people who only programmed and people who only worked manually—for example, who only painted. When I took over model making in 2007, I changed that. We all accompany the process from beginning to end: CAD design, programming the machines, milling the parts, and finishing, painting, and assembling them. Everyone does everything. Of course, this means you don't acquire such a deep specialization, but it has the advantage that you are more motivated because you are involved from start to finish.

What is special about a design model?
BW Some design models just represent aesthetics, others have to be functional. And just as every project is one of a kind, the model-making process is always tailor-made and unique. For certain models, of course, prior experience exists, but sometimes projects come in and you start from scratch. And that's where the versatility of Oliver Michl's model building team is really important.

dann diese Vielseitigkeit des Modellbauteams von Oliver Michl ganz wichtig.

Folgendes Szenario: Es soll eine neue Produktlinie aufgesetzt werden. Wann sprecht ihr beiden das erste Mal? Wer erfährt was zuerst?
BW Meistens ist es so, dass die Strategie von der Geschäftsleitung ausgearbeitet wird. Dann entscheiden die Designerinnen und Designer, wer das Projekt übernehmen soll. Gemeinsam mit der Abteilung Research and Development (R&D) und der Ingenieursabteilung wird anschließend ein Kernteam zusammengestellt. Irgendwann merkt man: Wir werden Modelle brauchen. Meistens werden zuerst Volumenmodelle und Formstudien gebaut, im 3D-Druck oder aus Kunststoff gefräst, später kommen die komplexeren Funktionsmodelle. Die Zusammenarbeit mit dem Modellbau beginnt schon sehr früh im Prozess, besonders bei Braun.

Wie viele Modelle sind durchschnittlich nötig, bis das Endprodukt gefertigt wird?
OM Das können sehr, sehr viele sein. In der Anfangsphase, wenn das Produkt, zum Beispiel ein Rasierer, noch nicht seine endgültige Architektur erhalten hat, untersuchen wir mit vielen verschiedenen einfachen Konzeptmodellen erst mal die Architektur vom Rasierkopf bis zum Griff. Das können dann durchaus dreißig oder mehr einfache Modelle sein. Und wenn wir dann wissen, das ist der Entwurf, mit dem wir weitergehen wollen, werden die Modellaussagen präziser, detaillierter, und sie werden in den „richtigen" Farben lackiert. Dann sind es nur noch wenige Schritte bis zum finalen Modell.

Ist das eine Art Suchbewegung, die schrittweise eingegrenzt wird, bis das richtige Volumen, die passende Außenform, das richtige Gewicht ge-

Suppose a new product line is to be launched. When do you two talk for the first time? Who finds out what first?
BW Most of the time, the company management plans the strategy first. Then the designers decide who should run the project. A core team is put together with members from the Research and Development (R&D) and engineering departments. At some point you realize models will be needed. Volume models and form studies are usually built first, using 3D printing or milled from plastic, with the more complex functional models coming later. Collaboration with model making starts very early on in the process, especially at Braun.

How many models are needed on average before the end product is manufactured?
OM This can be very, very many. At the beginning, when the product—for example, a razor—has not yet been given its final structure, we first use many different simple, conceptual models to explore the structure from the razor head to handle. There may well be thirty or more simple models. And when we know that this is the design we want to proceed with, the model specifications become more precise and detailed, and they are painted in the "right" colors. Then it's just a few more steps to the final model.

Is this an exploratory activity that is gradually narrowed down until the right volume, the right external shape, the right weight is found? How much freedom do you have to develop something new?
OM It depends. Often a lot has already been specified by the engineers. For example, we may already have an assembly with a motor, battery, and gearbox.

funden ist? Wieviel Freiheit hat man dabei, um etwas Neues zu entwickeln?
OM Kommt darauf an. Oft ist schon sehr viel von der Ingenieursseite vorgegeben. Es kann zum Beispiel sein, dass wir schon eine Baugruppe mit Motor, Akku und Getriebe haben.
BW Es gibt aber auch Projekte, da funktioniert es anders herum. Da gibt es eine Idee der Designer und Designerinnen, und die Herausforderung für den Modellbau besteht dann darin, noch nicht genau zu wissen, welcher Motor reinkommt, oder nicht zu wissen, wie sich ein Bauteil bewegen kann. Es gab bei Braun auch einen Mitarbeiter, Udo Bady, der aus Sicht des Modellbaus kleine Lösungen ausgearbeitet hat, mechanische Prototypen, um zu beweisen, dass ein neues Bauprinzip funktionieren kann. Das gehört auch zum Modellbau.

Also ein konstruktiver Neuentwurf aus der Modellbaupraxis?
BW Ja, etwas aus Messing Gefrästes, um eine Bewegungsstudie oder ein Gelenk darzustellen. Da können auch zehn oder zwanzig Detailmodelle entstehen, die nur ein spezielles Element zeigen – und die dann von den Leuten aus der R&D-Abteilung angeschaut und besprochen werden können.

Ein Modell ist also immer ein Anlass, miteinander zu kommunizieren, andere im Team an einer Lösung teilhaben zu lassen und konkret über eine materielle Tatsache zu sprechen. Kann man das so sagen?
OM Modelle haben eine sehr hilfreiche Funktion, weil man damit Leute überzeugen kann.
BW Ja, ein Modell ist ein Beweis. Die Welt vor fünfzig Jahren und die Welt in zehn Jahren – sie ist in einem stetigen Wandel. Momentan entstehen sehr viele neue Möglichkeiten, Bilder zu erstellen, etwa mit

BW Some projects, on the other hand, work the opposite way. The designers have an idea, and the challenge for the model makers is not yet knowing exactly which motor to use, or not knowing how a component can move. There was also an employee at Braun, Udo Bady, who worked out small solutions from a model-making perspective, mechanical prototypes, to prove that a new construction principle could work. That is also part of model making.

So, from the practice of building the model, a new structural design emerges?
BW Yes, something milled from brass to represent a motion study or a joint. Ten or twenty detailed models can also be created that show just one specific element, which can then be viewed and discussed by people from the R&D department.

A model is therefore always an opportunity to communicate with each other, to let others in the team participate in finding a solution and to talk about a specific material fact. Is that a fair way to put it?
OM Models serve a very helpful purpose because you can use them to convince people.
BW Yes, a model is proof. The world fifty years ago and the world in ten years' time—it is constantly changing. There are currently many new ways of creating images, for example, with new technologies like artificial intelligence (AI). But this is still a long way from the reality of a three-dimensional product. That's why model and prototype construction is the be-all and end-all at Braun—and has been since the 1950s, when Artur and Erwin Braun worked together with the HfG (Ulm University of Art and Design).

neuen Technologien wie Künstlicher Intelligenz (KI). Aber bis jetzt ist das immer noch sehr weit weg von der Realität eines dreidimensionalen Produktes. Deshalb ist bei Braun der Modell- und Prototypenbau das A und O – und das schon bei Artur und Erwin Braun in den 1950er Jahren, zusammen mit der HfG (Hochschule für Gestaltung) Ulm. Auch wenn sich die Zeiten ändern, in den nächsten zehn Jahren wird das Modell weiter ein wesentlicher Teil des Entwicklungsprozesses sein.

Hat das auch damit zu tun, dass Braun viele Hygienegeräte herstellt, also Geräte, die der Mensch vor allem mit der taktilen Wahrnehmung der Hand einsetzt, ohne visuelle Kontrolle durch das Auge?
OM Ein Gerät bei laufendem Motor am Gesicht entlangzuführen, ist in der Praxis etwas völlig anderes als am Bildschirm. Modelle werden oft für Consumer-Tests verwendet. Da ist es wichtig, dass die Leute es ausprobieren können, dass sie Oberflächen und Materialien – kühle, glatte, raue Metalle, harte oder weiche Kunststoffe – fühlen können. Im Modellbau verwendet wir diese echten Materialien, wir fräsen Teile aus Aluminium und aus Plexiglas. Wir achten auch sehr genau darauf, wie schwer die Modelle sind und wo ihr Schwerpunkt liegt. Gerade beim Rasierapparat ist das wichtig: Wenn er zu leicht ist, vermittelt er eine billige Qualität, wenn er zu schwer ist, ist er schlecht zu bedienen. Wir kennen das Volumen der Teile durch das CAD-Programm, wir kennen die Dichte. Wir können auf vier bis fünf Gramm genau sein, indem wir Material wegnehmen oder Gewichte einkleben.

Und schon die Modelle werden getestet ...
OM Ja, die Modelle werden überall getestet, auf unterschiedlichen internationalen Märkten, mit verschiedenen Zielgruppen.

Even though times are changing, the model will continue to be an essential part of the development process over the next ten years.

Does this also have to do with the fact that Braun manufactures many personal grooming devices, in other words, devices that people use primarily with the tactile perception of the hand, without visual control by the eye?
OM In practice, running a device along the face while the motor is running is completely different from watching it on a screen. Models are often used for consumer tests. It is important that people can try it out, that they can feel surfaces and materials – cool, smooth, rough metals, hard or soft plastics. In model making, we use these real materials, we mill parts from aluminum and Plexiglas. We also pay very close attention to how heavy the models are and where their center of gravity lies. This is particularly important for the razor: if it is too light, it conveys cheapness, if it is too heavy, it is difficult to operate. We know the volume of the parts from the CAD program, we know the density. We can be accurate to within four to five grams by removing material or gluing in weights.

And already the models are being tested ...
OM Yes, the models are being tested everywhere, on different international markets, with different target groups.

Which groups do you take into consideration?
BW Different ones. It depends on the product, but in particular, the different genders. We also differentiate between the pleasure type, who wants to enjoy using the product every day, and people who have more functional requirements.

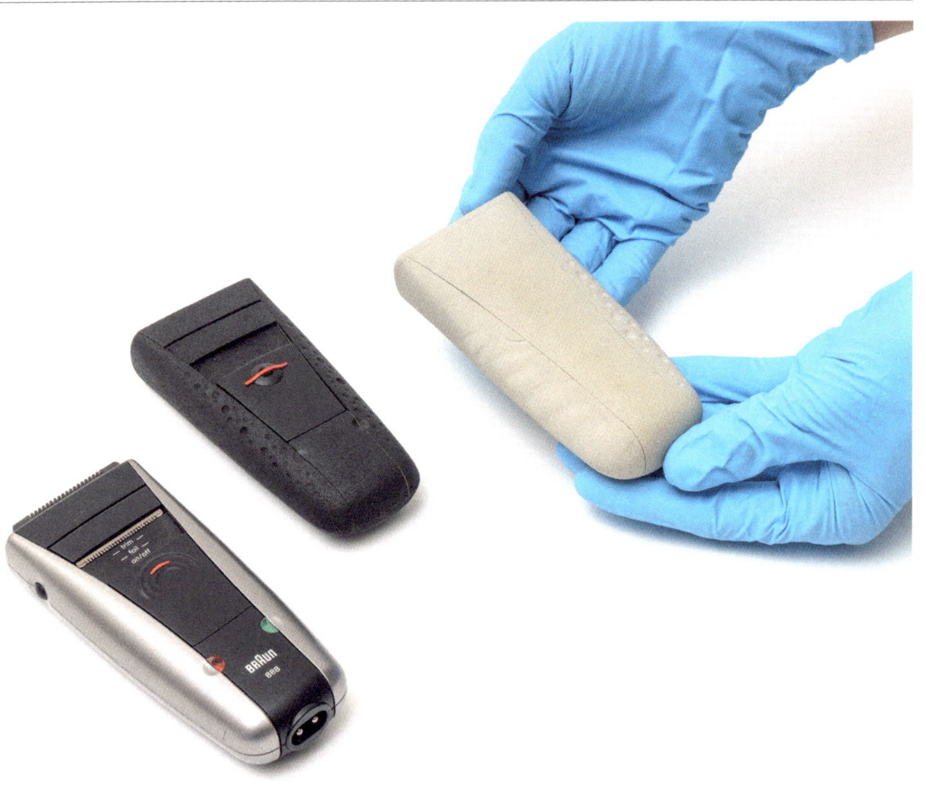

Modelle für den Rasierer *InterFace*, Design: Roland Ullmann und Phong Vu, 1999, Kunststoff, Hartschaum, Bleistiftmarkierung, ca. 2,8 x 12,3 x 6,0 cm, Dauerleihgaben Braun GmbH, Kronberg i. Ts.

Models for the *InterFace* shaver, design: Roland Ullmann and Phong Vu, 1999, plastic, hard foam, pencil markings, approx. 2.8 x 12.3 x 6.0 cm, on permanent loan from Braun GmbH, Kronberg i. Ts.

Welche unterschiedlichen Gruppen habt ihr auf dem Schirm?
BW Unterschiedlich. Je nach Produkt vor allem die unterschiedlichen Geschlechter. Wir unterscheiden aber auch zwischen dem Genusstyp, der Freude bei der täglichen Anwendung haben möchte, und Menschen, die eher funktionale Ansprüche haben. Und dann gibt es noch den Premium-Typ: Der möchte das Beste, Hochwertigste, Effizienteste.

Technik als Problemlöser?
BW Ganz genau. Aber auch Trends, die kommen und gehen. Vor zwanzig Jahren waren alle glattrasiert. Heute rasiert sich der Mann Montag bis Donnerstag und Freitag bis Sonntag nicht mehr. Das ist nicht nur ein Trend, sondern eine Tatsache, und wir bieten Rasierer, die das Problem lösen, am Montag einen Dreitagebart unkompliziert zu entfernen.

MATERIAL UND MASCHINEN IM MODELLBAU

Welche Computerprogramme gibt es, die heute ein physisches Designmodell vollständig ersetzen könnten?
BW Es gibt seit mindestens zwanzig Jahren virtuelle Modelle, mit denen wir arbeiten. Aber ich kann sie nicht in die Hand nehmen und feststellen: Die Form passt gut zwischen meine Finger. Sie existieren nur als Datenwolke. Das heißt, die Werkzeuge ändern sich mit der Zeit, aber der Designprozess an sich, der bleibt, und momentan ist Modellbau ein wesentlicher Bestandteil des Designprozesses.
OM Renderings sind hilfreiche Werkzeuge. Wenn wir zum Beispiel einen Rasierer in einer Farbvariante gebaut haben, aber wir brauchen ein ganzes Line-up mit wertigen Oberflächen und verschiedenen Farben, dann kann man das auch mit Renderings machen. Das heißt, mit Programmen wie zum Beispiel

And then there is the premium type: they want the best, the highest quality, the most efficient.

Technology as problem solver?
BW Exactly. But trends also come and go. Twenty years ago, everyone was clean-shaven. Today, men shave from Monday to Thursday but not Friday to Sunday. This is not just a trend, but a fact, and we offer shavers that solve the problem of easily removing a three-day beard on Monday.

MATERIAL AND MACHINES IN MODEL MAKING

What computer programs are available today that could completely replace a physical design model?
BW We have been working with virtual models for at least twenty years. But I can't hold them in my hand and know that the shape fits well between my fingers. They only exist as a data cloud. This means that the tools change over time, but the design process itself remains the same, and at the moment, model making is an essential part of the design process.
OM Renderings are helpful tools. For example, if we have built a razor in one color, but we need a whole line-up with high-quality surfaces and different colors, then we can accomplish it with renderings. This means that realistic images are created on the computer using programs such as KeyShot. There are also rapid prototyping processes that can be used to quickly produce a component or prototype, such as 3D printing or stereolithography. We use such processes here in-house, but they are not typical for design model making because the materials used do not look like a finished product. In model making,

Key-Shot werden realistische Bilder am Computer erzeugt. Es gibt auch Rapid-Prototyping-Verfahren, mit denen man versucht, schnell zu einem Bauteil oder einem Prototyp zu kommen, wie zum Beispiel einem 3D-Druck oder einer Stereolithografie. Wir verwenden solche Verfahren hier im Haus, aber sie sind nicht typisch für den Design-Modellbau, denn die dabei verwendeten Materialien sehen nicht so aus wie ein fertiges Produkt. Im Modellbau haben wir den Vorteil, dass wir jedes Material verwenden können, das wir simulieren wollen. Wir haben hier natürlich keine Spritzguss-Maschinen wie in der Produktion, wir stellen die Teile spanabhebend her, aus einem Stück. So erzeugen wir sehr wertige Oberflächen, die sich deutlich besser lackieren lassen.

Wie bestimmen die Arbeiten mit den computergesteuerten Maschinen das Aussehen von Modellen und schließlich auch das Aussehen der Endprodukte?
BW Zwischen den 1990er und 2000er Jahren gab es einen Riesenschub in der 3D-Konstruktion. Da wurde hier bei Braun die 5-Achs-Fräsmaschine angeschafft, die das im Mechanischen umsetzen konnte. Damals wurde entschieden, mehr Emotionen ins Design zu bringen – sehr viele geschwungene Linien, viele Konturen ...
OM Als die Zeichentische abgeschafft wurden und die ersten Computerprogramme mit 3D-Funktion aufkamen, hat sich das Design verändert. Plötzlich konnten Sachen gestaltet werden, die man auf dem Zeichenbrett nicht darstellen konnte. Und genauso im Modellbau: Als die Werkzeugmaschinen plötzlich computergesteuert waren, konnte man auch Flächen fräsen, die man vorher von Hand nur sehr schwer herstellen konnte. Da hat es einen Wandel in der Gestaltung gegeben. Wir können theoretisch alles herstellen, seit wir diese Technologien haben, aber wir

we have the advantage that we can use any material we want to simulate. Of course, we don't have injection molding machines like in the production department. We produce the parts by machining, from a single piece. In this way, we produce high-quality surfaces that are much easier to paint.

How does working with computer-controlled machines determine the appearance of models and ultimately the appearance of the end products as well?
BW Between the 1990s and 2000s, there was a huge surge in 3D design. Braun acquired a 5-axis milling machine that was able to implement this mechanically. At that time, the decision was made to bring more emotion into the design—lots of curved lines, lots of contours...
OM When the drawing tables were abandoned and the first computer programs with 3D functions appeared, design changed. Suddenly, things could be created that could not be depicted on the drawing board. And the same applies to model making: when machine tools were suddenly computer-controlled, it became possible to mill surfaces that were previously very difficult to produce by hand. That brought about a change in the way we design. In theory, we can produce anything now that we have these technologies, but we don't want to produce everything. We want to maintain a classic design.

A BRIEF HISTORY OF THE DESIGN MODEL

Let's take a look at a design model from 1958: a portable record player by Dieter Rams made of wood, plastic, and metal. How does it make you feel when you look at it?

wollen ja gar nicht alles herstellen. Wir wollen eher ein klassisches Design beibehalten.

EINE KURZE GESCHICHTE DES DESIGNMODELLS

Schauen wir uns doch ein Designmodell von 1958 an: ein tragbarer Plattenspieler von Dieter Rams aus Holz, Kunststoff und Metall. Wenn ihr das so anschaut, wie geht's Euch da?
OM Es ist super schön, so etwas zu sehen: total modernes Design. Und es gab noch nicht diese Kunststoffe.
BW Oft wurden auch Modelle aus Gips oder Keramik gemacht. Wilhelm Wagenfeld hat sehr gern mit Gips und Keramik gearbeitet. Die Form war bearbeitbar: Man konnte schneiden, schleifen und feilen. Die Zusammenarbeit der Firma Braun mit der HfG Ulm, die Fritz Eichler und die Gebrüder Braun verfolgten, hat eine neue Phase im Modellbau angestoßen – was auch damit zusammenhängt, dass Hans Gugelot Architekt und Möbelbauer war. Er hat den Studierenden der HfG Ulm beigebracht: Baut Modelle, zeigt mal, wie es „in Echt" aussieht. Vorher war dieser Prozess nicht so etabliert. Das Weimarer Bauhaus war eher mit Prototypen und Einzelstücken beschäftigt. Aber im Modellbau kann man zeigen, dass etwas für die Massenproduktion taugt. Das ist es, was industrielles Design ausmacht: Es geht um hundert, tausend oder eine Million Exemplare.

Nochmal zurück nach Ulm und zur Kompetenz von Architekten wie Hans Gugelot oder Max Bill: Die wussten, wenn ich ein Modell baue, lässt sich damit anders sprechen, anders überzeugen. Das heißt, die Architektur hat das Produktdesign verändert.
BW Ja, und zwar zu 100 Prozent! Wie baut man Sachen, die leicht herzustellen sind und auch repariert werden können? Effizienz spielt in der Architektur eine

OM It's really great to see one of these. The design is totally modern. All these plastics didn't exist yet.
BW Models were often also made of plaster or ceramic. Wilhelm Wagenfeld loved working with plaster and ceramics. The shape was workable: it could be cut, sanded, and filed. The collaboration between Braun and the HfG Ulm, which Fritz Eichler and the Braun brothers promoted, initiated a new phase in model making—which was also linked to the fact that Hans Gugelot was an architect and furniture maker. He taught the students at the HfG Ulm to build models, to show what it looks like "in real life." This process had not been established previously. The Weimar Bauhaus was more concerned with prototypes and individual pieces. But in model making, you can show that something is suitable for mass production. That's what industrial design is all about: it's about a hundred, a thousand, or a million copies.

Back to Ulm and the expertise of architects like Hans Gugelot or Max Bill: they knew that if I build a model, it can be used to speak differently, to convince differently. In other words, architecture has changed product design.
BW Yes, 100 percent! How do you build things that are easy to manufacture and can also be repaired? Efficiency plays a key role in architecture, as well as in product design. How efficient are we with materials? This is a topic that comes from architecture.

At that time, the career paths into design (training trajectories) were mainly via architecture or interior design, as with Dieter Rams, or via art, as with Max Bill. Both were concerned with questions of form. Fritz Eichler also played

wesentliche Rolle, ebenso im Produktdesign. Wie effizient sind wir mit Materialien? Das ist ein Thema, das aus der Architektur kommt.

Auch die (Ausbildungs-)Wege ins Design verliefen damals vor allem über die Architektur oder Innenarchitektur, wie bei Dieter Rams, oder über die Kunst, wie bei Max Bill. In beiden ging es um Formfragen. Auch Fritz Eichler nahm für Braun eine Schlüsselrolle ein – erstaunlicherweise kam er aus der Theaterwissenschaft und Filmregie.
BW Fritz Eichler war der Hipster jener Zeit: Jazzmusiker, Theaterbühnengestalter, Filmemacher, Produzent für Fernsehwerbung. Er hat Maßstäbe gesetzt und eine ganze Industrie geprägt.

TEAMS, MÄRKTE UND DER ZUFALL

Der Gestaltungsprozess hat einen präzisen Ablauf, Designmodelle sichern Entscheidungsschritte ab und konkretisieren die Form. Welche Rolle spielt in solchen relativ geschlossenen Verfahren der Zufall?
BW Der Zufall ist Teil jedes Designprozesses – kontrolliertes lineares Chaos. Jedes Teammitglied bringt seine eigene Erfahrung mit: Der eine fährt gern Fahrrad, die andere bereist gern die Welt …
OM Ich würde es eher Vielfalt nennen.
BW Ja, Vielfalt. Und ein offener Prozess. Die Einsicht, dass du nicht alles wissen kannst. Auch Spontanität. Wir machen zum Beispiel eine Verbraucherstudie und alle Testpersonen legen das Gerät anders ab, als wir es geplant hatten … „intended use" versus „spontaneous use".

Aber das ist doch weniger Zufall als eher eine Erprobung des Gebrauchs, eine Korrektur der Erwartung. Zufall hingegen ist etwas absolut Unerwartetes. Kam das mal vor?

a key role for Braun— surprisingly, he came from a background in theater studies and film directing.
BW Fritz Eichler was the hipster of his time: jazz musician, theater stage designer, filmmaker, producer for television commercials. He set standards and shaped an entire industry.

TEAMS, MARKETS, AND CHANCE

The design process has a precise workflow, design models document decision-making steps and concretize the form. What role does chance play in such relatively closed processes?
BW Chance is part of every design process—controlled linear chaos. Each team member brings their own experience to the table: one likes cycling, the other likes traveling the world…
OM I would call it diversity.
BW Yes, diversity. And an open process. The recognition that you can't know everything. Also spontaneity. For example, we do a consumer study and all the test subjects put the device down differently than we had planned… "intended use" versus "spontaneous use."

But this is less chance than a test of use, a correction of expectations. Chance, on the other hand, is something completely unexpected. Did that ever happen?
BW Yes, for example, I once built a model and worked on it for three days. Then Ludwig Littmann came in and asked: "What are you doing?" I said: "I'm building a model and I'm struggling with a difficult detail here…". He took it in his hand, turned it around, put it the other way on the table, and walked away without saying a word. And the problem was solved… That was quite unexpected.

BW Ja. Zum Beispiel habe ich einmal ein Modell gebaut und drei Tage daran gearbeitet. Dann kam Ludwig Littmann rein und fragte: „Was machst Du?" Ich sagte: „Ich bau ein Modell und kämpfe hier mit einem schwierigen Detail …". Er nahm es in die Hand, drehte es einfach um, legte es andersrum auf den Tisch und ging weg, ohne ein Wort zu sagen. Und das Problem war gelöst… Das war schon unerwartet. Wenn du ein guter Designer bist, bist du offen für solche Momente.

Welche Rolle spielt die Zusammensetzung des Teams bei der Produktentwicklung – zum Beispiel die kulturelle und soziale Herkunft, das Geschlecht, der persönliche Lebensstil oder das interkulturelle Verständnis der Teammitglieder. Findet das bei der Zusammensetzung von Arbeitsgruppen bei Braun Berücksichtigung?
BW Wir hatten japanische, schwedische, chinesische, australische Leute hier. Momentan auch zwei oder drei US-amerikanische Kollegen und Kolleginnen.
OM Das ist auch im ganzen Unternehmen eine Tendenz, dass man sich möglichst international aufstellt. Unsere Produkte werden ja auch überall auf der Welt verkauft.
BW Unabhängig vom Team generieren wir viele Informationen durch Studien. Für die schicken wir Modelle und Prototypen jeweils in die USA, nach China und nach England, um Userinnen und User zu fragen: Wie nehmt ihr das in die Hand? Mit welchen Wörtern würde ein Japaner, eine Chinesin oder eine Deutsche dieses Produkt beschreiben?

ZUKUNFT DENKEN

Was muss sich ändern, um die dringenden Fragen nach Energieeffizienz, Klima, Müll und Ressourcenschonung im praktischen Arbeitsalltag lösen zu können?

If you're a good designer, you're open to moments like that.
What role does the composition of the team play in product development—for example, cultural and social background, gender, personal lifestyle, or the team members' intercultural understanding? Is this taken into account in the composition of working groups at Braun?
BW We've had Japanese, Swedish, Chinese, and Australian people here. At the moment there are also two or three U.S. colleagues.
OM The company as a whole wants to position itself as internationally as possible. After all, our products are sold all over the world.
BW We generate a lot of information outside of the team through studies. We send models and prototypes to the U.S.A., China and England to ask users: How do you pick this up with your hand? What words would a Japanese, Chinese, or German person use to describe this product?

THINKING THE FUTURE

What needs to change to solve the urgent issues of energy efficiency, climate, waste, and resource conservation in the day-to-day work of model making?
BW When we build something, it is reduced to the maximum, focused on what we really need.

Do you have any influence on the packaging?
BW The packaging department is right next door to the design department. There is a connecting door. The graphic design people decide what to print on the packaging, and the box is designed in Structure Packaging. This collaboration between industrial, graphic, and packaging design is get-

BW Wenn wir etwas bauen, ist es maximal reduziert, fokussiert auf das, was wir wirklich brauchen.

Habt ihr Einfluss auf die Verpackung?
BW Die Verpackungsabteilung ist direkt neben der Designabteilung. Es gibt eine Verbindungstür. Die Leute aus dem Grafikdesign entscheiden, was auf die Verpackung gedruckt wird, und im Structure Packaging wird die Box gestaltet. Diese Zusammenarbeit zwischen Industrie-, Grafik- und Verpackungsdesign wird immer enger ... Wie etwas geschützt und ausgepackt wird, ist ein wesentlicher Teil des Produkterlebnisses – zum Unboxing-Erlebnis gibt es ganze You-Tube-Kanäle, die sich nur damit beschäftigen. Aber natürlich gibt es im Verpackungsbereich immer Verbesserungsmöglichkeiten.

Denkt ihr im Produktdesign über Fragen der Kreislaufwirtschaft nach? Oder ist es immer noch so, dass das Produkt am Ende seiner Lebensdauer dem Müll übereignet wird?
BW Es ist schon eine ziemliche Herausforderung, Sachen zu machen, die täglich benutzt werden und zehn bis fünfzehn Jahre halten. Die Reparaturfähigkeit ist ein wesentlicher Punkt und dass es einen guten Wartungsservice gibt. Dafür sind wir mehrmals ausgezeichnet worden.
OM Du kannst bei unseren Rasierern Scherteil, Klingenblock und Scherfolien austauschen. Damit kann man die Lebensdauer des Produkts entscheidend verlängern. Batterieleistung und Motorhaltbarkeit der Braun-Rasierer sind unschlagbar.
BW Wenn der Akku nach zehn Jahren schwächelt, kannst du ihn innerhalb einer Minute austauschen. Im Englischen heißt das: One screw matters. Unser bestes Beispiel ist die Zitruspresse, die 1972 von Jürgen Greubel gemacht wurde. Das Ding ist nach wie vor auf dem Markt – nach 52 Jahren!

ting closer and closer ... How something is protected and unboxed is an essential part of the product experience – there are entire YouTube channels dedicated to the unboxing experience. Of course, there is always room for improvement when it comes to packaging.

Do you think about the circular economy in product design? Or is it still the case that the product is consigned to the trash at the end of its life?
BW It's quite a challenge to make things that are used every day that can last ten to fifteen years. Repairability is a key point, as well as good maintenance service. We have received several awards for this.
OM You can replace the shaving element, blade block, and shaving foils on our razors. This can significantly extend the service life of the product. The battery performance and motor durability of Braun shavers are unbeatable.
BW If the battery loses power after ten years, you can replace it within a minute. In English, that means: one screw matters. Our best example is the citrus juicer, which was made by Jürgen Greubel in 1972. It's still on the market–after 52 years!
OM I use it every weekend–it's unbreakable.
BW Nevertheless, it is not yet a circular economy. But we are trying to make things that might last a lifetime. These are not disposable products. And there are programs, especially for razors, where you can return your old device when you buy a new one, and the device then goes back into the material cycle.

How long has that been around?
BW Since 1988.

Thank you very much for talking with me.

OM Die benutze ich jedes Wochenende – nicht kaputt zu kriegen.
BW Trotzdem ist das noch keine Kreislaufwirtschaft. Aber wir versuchen Dinge zu machen, die vielleicht ein Leben lang halten. Das sind keine Wegwerfprodukte. Und es gibt besonders bei den Rasierern Programme, dass man sein altes Gerät beim Kauf eines neuen zurückgeben kann, und das Gerät geht dann wieder in den Materialkreislauf zurück.

Seit wann gibt es das?
BW Seit 1988.

Ich danke herzlich für das Gespräch.

Material und Idee
Das Designmodell im Kontext musealer Konservierung und Restaurierung

KUNSTSTOFFE – SEGEN UND FLUCH IM „ZEITALTER DES MENSCHEN"

Kunststoffe sind eine vom Menschen entwickelte Materialgruppe, welche – zu unserem vermeintlichen Vorteil, aber langfristigen Nachteil – in fast alle Bereiche der Umwelt vorgedrungen ist. Der schnell und unkompliziert ver- und bearbeitbare Werkstoff ist als Alltags-, Design- oder Kunstobjekt mittlerweile auch relevanter Teil musealer Sammlungen. Damit wird aus konservatorisch-restauratorischer Sicht zunehmend ein systematisches Handeln in Bezug auf die Erhaltung von Objekten aus Kunststoffen notwendig.

Für die Designsammlung des Museum Angewandte Kunst in Frankfurt am Main wurde hierfür nun ein präventiv-konservatorisches System erarbeitet. Die Designsammlung beherbergt neben richtungsweisenden Produkten der Designgeschichte auch Objekte der Braun GmbH von den 1950er bis zu den 2000er Jahren sowie entsprechende Modelle aus der Designabteilung dieser Firma. Das einzigartige Konvolut enthält derzeit etwa 1.800 Modellunikate aus diversen Kunststoffen. Es umfasst dreidimensionale Entwürfe, Gestaltungsvarianten und Prototypen der typischen Braun-Produktpalette, wie Haushaltsgeräte, HiFi-Anlagen, Rasierer, Wecker und Zahnbürsten. Die Modelle sind von großer Bedeutung, da durch sie die Konzepte, Gestaltungsideen und -varianten sowie Entscheidungen innerhalb des Designprozesses visuell nachvollziehbar werden.

Die Braun P&G, Kronberg i. Ts. übergab dem Museum Angewandte Kunst die Designmodelle als Dauerleihgabe. Im August 2020 begann das Museum mit den Vorbereitungen zur Erarbeitung eines konservatorischen Leitfadens für die Langzeitlagerung dieser Dauerleihgaben. Daraus entstand 2021 ein von der

Material and Idea
The Design Model in the Context of Museum Conservation and Restoration

PLASTICS—A BLESSING AND A CURSE IN THE "HUMAN ERA"

Plastics are a group of materials developed by humans that, while offering certain advantages, have infiltrated almost every corner of the environment, and thus have a detrimental impact on the environment. These materials, which can be processed quickly and easily, are also a relevant part of museum collections in the form of everyday objects, design pieces, or works of art. From the perspective of conservation, a systematic approach to the preservation of objects made of plastic is therefore becoming increasingly necessary.

As such, a preventive conservation plan has now been implemented for the design collection of the Museum Angewandte Kunst in Frankfurt am Main. The design collection includes not only pioneering products from the history of design, but also objects made by the company Braun from the 1950s to 2000s, as well as their corresponding models from the company's design department. This remarkable collection currently contains around 1,800 unique models made of a variety of plastics. It includes three-dimensional mock-ups, alternative design versions, and prototypes representative of Braun's product range, such as household appliances, hi-fi systems, razors, alarm clocks, and toothbrushes. The models are of significant value, as they illustrate the design concepts, ideas, and variants, as well as the decisions made during the design process.

Braun P&G, Kronberg i. Ts. transferred the design models to the Museum Angewandte Kunst on permanent loan. In August 2020, the museum began preparations to draw up conservation

[1] Thea B. van Oosten et al. (2012), Preserving Plastic: Challenges in the Conservation of Modern Art Objects, in: Odile Madden et al. (Hg.)(2017), *The Age of Plastic: Ingenuity and Responsibility: Proceedings of the 2012 MCI Symposium*, Smithsonian Institution, Washington DC; und Thea B. Van Oosten et al. (2022), *Properties of Plastics: A Guide for Conservators*, Getty Publications, Los Angeles
[2] Ebd.

[1] Thea B. van Oosten et al. (2012), Preserving Plastic: Challenges in the Conservation of Modern Art Objects, in: Odile Madden et al. (eds.)(2017), *The Age of Plastic: Ingenuity and Responsibility: Proceedings of the 2012 MCI Symposium*, Washington DC; and Thea B. Van Oosten et al. (2022), *Properties of Plastics: A Guide for Conservators*, Getty Publications, Los Angeles
[2] Ibid.

Wüstenrot Stiftung gefördertes Projekt. Bisher wurden neben kleineren restauratorischen Maßnahmen zur Bestandssicherung auch individuelle Montage- und Lagerungsmöglichkeiten für alle Objektgruppen entwickelt. Dabei berücksichtigen alle Maßnahmen die aktuellen konservatorischen Anforderungen an Kunststoffe und ihre Materialkombinationen.[1]

DAS MODELL IN DER ANGEWANDTEN UND BILDENDEN KUNST – MATERIALÖKONOMIE UND KURZLEBIGKEIT

Die Konservierung und Restaurierung von Modellen aus dem Designprozess erfordern neue konservatorische Ansätze. Denn zum einen werden für Modelle überwiegend moderne Materialien wie Kunststoffe verwendet, für die – anders als in der „traditionellen“ Objektrestaurierung von kunsthandwerklichen Objekten aus Glas, Metall oder Keramik – (noch) nicht auf einen langen Erfahrungszeitraum im konservatorisch-restauratorischen Umgang zurückgegriffen werden kann. Zum anderen sind Modelle aufgrund ihrer Funktion nicht auf Langlebigkeit ausgelegt, woraus sich ebenfalls besondere konservatorische Herausforderungen ergeben.

Kunststoffe (Polymere, wie Duroplaste, Thermoplaste und Elastomere) unterliegen einem wesentlich stärkeren Zerfall als die klassischen Materialen von Objekten der bildenden und angewandten Kunst.[2] Die Auseinandersetzung mit den Produkteigenschaften, Produktionsprozessen und dem Alterungsverhalten von Kunststoffen ist für die konservatorisch-restaurative Praxis deshalb unabdingbar. Die Designmodelle der Braun GmbH, die über eine lange Zeitspanne entstanden sind (1950er Jahre bis in die Gegenwart), ermöglichen eben diese Auseinandersetzung mit der Beständigkeit diverser Kunststoffe und Materialkom-

guidelines for the long-term storage of the loan. This resulted in a project funded by the Wüstenrot Foundation in 2021. To date, alongside smaller conservation treatments to preserve the collection, individual mounting and storage options have been developed for every object category. All treatments are designed to adhere to current conservation standards for plastics and the materials with which they interact.[1]

THE MODEL IN THE APPLIED AND FINE ARTS—MATERIAL VALUE AND TRANSIENCE

The conservation of design models requires novel conservation approaches. This is because models are predominantly made of modern materials such as plastics, for which, unlike “traditional” materials, such as glass, metal, or ceramics, it is not (yet) possible to draw on a long period of conservation experience. Furthermore, functional aspects of a design model are not designed for longevity, which also present unique conservation challenges.

The decay of plastics or polymers, such as thermosets, thermoplastics, and elastomers, is significantly more rapid than that of the classic materials of the fine and applied arts.[2] Consequently, an examination of the product properties, production processes, and ageing behavior of plastics is essential for conservation practice. The Braun design models, which were created over a long period of time (from the 1950s to the present day), enable precisely this examination of the durability of various plastics and material interactions (including metals, paper, leather, and painted wood) as well as different manufac-

binationen (Metalle, Papier, Leder und gefasstes Holz) sowie mit unterschiedlichen Produktionsverfahren (diverse CNC-, 3D- und Beschichtungsverfahren). Dabei wird deutlich, dass sich die Designmodelle im Hinblick auf die verwendeten Materialien grundlegend von den in Serie gefertigten und für den langlebigen Gebrauch vorgesehenen Endprodukten unterscheiden. Dieser zentrale Aspekt beschreibt die Besonderheit des Modellbestandes innerhalb der Designsammlung des Museum Angewandte Kunst.

Ein vergleichbarer Unterschied im Hinblick auf die verwendeten Materialien kann an Modellen aus der bildenden Kunst beobachtet werden. Sogenannte Bozzetti, also künstlerische Entwürfe von Skulpturen und Plastiken aus leicht zu bearbeitenden Materialien wie Ton, Wachs oder Gips, sind wesentlich fragiler und damit oft aufwendiger in der restauratorischen Behandlung, als ihre Endprodukte aus Marmor oder Porzellan. Auch hier fehlt es oft noch an Erfahrung im Umgang mit dem empfindlicheren Material – beispielweise mit ungebranntem Ton im Vergleich zu durch Hitze stabilisierten Endprodukten aus Ton, der Keramik.

Wir sehen also, dass bei der Veranschaulichung einer Idee in Form eines Modells oder Entwurfs der Gedanke der Langlebigkeit kaum eine Rolle spielt und deshalb oft beliebige und vor allem leicht zu bearbeitende Materialien zur Visualisierung verwendet werden. Die Wahl der Materialien orientiert sich dabei eher an deren visuellen und haptischen Eigenschaften, die sich beispielsweise für die Imitation einer bestimmten Oberflächentextur und Farbgestaltung, einer mechanischen Funktion (Schalter, Hebel, Knopf) und/oder eines bestimmten Gewichts bzw. einer Gewichtsverteilung eignen.

turing techniques (various CNC, 3D, and coating processes). This clearly demonstrates that the materials used for design models differ fundamentally from those of the mass-produced final products intended for long-term use. This aspect is central to the special nature of the inventory of models within the design collection of the Museum Angewandte Kunst.

A comparable difference in the materials used can be observed in models from the visual arts. Bozzetti, which are sculptural models made of easy-to-work materials such as clay, wax, or plaster, are much more fragile. As a result, they are often more laborious to restore than their final products made of marble or porcelain. Similarly, there is frequently a lack of experience in dealing with the more delicate material—for example, unfired clay in comparison to heat-stabilized end products made of clay, like ceramics.

It can be observed, therefore, that when illustrating an idea in the form of a model or mock-up, consideration of longevity is not a significant factor, which is why arbitrary and, above all, easy-to-process materials are often used for visualization. The choice of materials is primarily based more on their visual and tactile properties, which are suitable for replicating or imitating a specific surface texture and color scheme, a mechanical function (switch, lever, or button) and/or a specific weight or weight distribution, for instance.

Modell/Studie eines Uhrenradios (*radiolog/ ABR 313*, 1980–1990er Jahre): Darstellung einer Stellschraube aus Metall durch eine silberfarbene Folie und schwarze Linien als Andeutung des Schlitzes

Model/study of a clock radio (*radiolog/ ABR 313*, 1980s–1990s): Representation of a metal adjustable screw by a silver-colored foil and black lines indicating the slot

Modell eines Filmprojektors (*visacustic 100 multiplay*, 1976): Die variablen Beschriftungen mit bedruckten Papierstreifen sind beschädigt oder fehlen aufgrund mangelnder Klebkraft der ursprünglichen Klebstoffe.

Model of a film projector (*visacustic 100 multiplay*, 1976): The exchangeable labels made of printed paper strips are damaged or missing due to insufficient adhesive strength of the original adhesives.

[3] Mit Silikon beschichtete Trennfolie aus Polyester gegen klebrige Haftmittel, https://www.kremer-pigmente.com/de/shop/malgruende-papier-folien/87222-polyesterfolie-einseitig-silikonisiert.html (abgerufen am 08.05.2024)

[3] Silicone-coated polyester release film for protection against sticky adhesives, https://www.kremer-pigmente.com/de/shop/malgruende-papier-folien/87222-polyesterfolie-einseitig-silikonisiert.html (accessed on 08.05.2024)

VARIATIONEN DER SCHADENSPHÄNOMENE AM MODELL

Die Alterungsprozesse entsprechender Materialien sind an einigen Modellen deutlich zu erkennen. Mit Farbveränderungen wie Vergilbungen, Volumenveränderungen und Verformungen, rissigen und instabilen Farbfassungen und dem Verlust von Objektbestandteilen durch den Zerfall von Klebstoff sind nur einige der zahlreichen Abbauerscheinungen von Kunststoffmodellen umrissen. Klebrige und matte Oberflächen sind ein Hinweis auf das Austreten von Weichmachern, welche für die Elastizität des sonst steifen Kunststoffes notwendig sind. Dieses häufige Schadensphänomen ist unter anderem bei der Verwendung von sogenannten „Soft-Touch-Effektlacken" auf Basis von synthetischem Kautschuk oder Polyurethandispersionen zu beobachten.

Dass einige der genannten Abbauprozesse mit tradierten konservatorischen Maßnahmen nicht aufzuhalten sind, zeigt sich an einigen Modellen, die bereits 2020 konservatorisch behandelt wurden. Besonders deutlich wird dies an einem Designmodell für einen Rasierer aus den 1980er Jahren. Die stark klebrige und weiche Oberfläche des Rasierapparates ist eine Folge der Verwendung eines „Soft-Touch-Effektlacks". Zur Konservierung des Objekts wurde eine Konstruktion aus Metallbügeln und Polyesterfolie (einseitig silikonisiert[3]) angefertigt, um den Kontakt zu saugfähigem Material sowie die Auflageflächen zu minimieren. Nach einer dreijährigen Lagerungsphase wurde festgestellt, dass auch die silikonisierte Folie die ungewollte Haftung der Oberfläche bzw. den Substanzverlust nicht verhindern konnte. Außerdem zeichnen sich die bewusst schmal gewählten Metallbügel in der weichen Oberfläche ab.

DECAY AND DAMAGE PHENOMENA ENCOUNTERED ON MODELS

The ageing processes of the respective materials are clearly visible on some models. This decay manifests in a number of ways, such as yellowing, volumetric changes and deformations, cracked and unstable paint layers, and the loss of components due to failure of the adhesive. Sticky and matt surfaces are an indication of the migration of some material components, like plasticizers, which ensure the elasticity of the otherwise rigid plastic. This frequent damage phenomenon can be observed, for example, when using so-called “soft touch coatings” made of synthetic rubber or polyurethane dispersions.

The fact that some of the aforementioned processes of deterioration cannot be stopped with established conservation measures can be seen in some models that were already treated in 2020. This is particularly evident in a design model for a razor from the 1980s. Due to a “soft touch coating” applied to its surface, the razor had become sticky and soft. To preserve the object, and minimize contact between its surface and absorbent materials, a storage mount was constructed from metal brackets and a polyester film siliconized on one side.[3] After three years in storage, it was observed that even the siliconized film could not prevent unwanted adhesion of the surface or a loss of substance. In addition, the deliberately narrow metal brackets left marks in the soft surface.

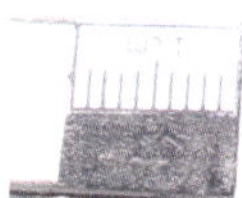

Modell eines Rasierers (*5497*, 1980er Jahre): Die Materialveränderung (Austreten von Weichmachern) wird durch die inhomogene und klebrige Oberfläche sichtbar.

Model of a razor (*5497*, 1980s): The alteration of the material ("plasticizer migration") is visible on the inhomogeneous and sticky surface.

Lagerungsmontage für ein Rasierermodell (*5497*, 1980er Jahre): Substanzverlust/Abdrücke der originalen Oberfläche trotz silikonisierter Folie, welche die Haftung zwischen Objekt und Auflagefläche verringern sollte

Storage mount for a razor model (*5497*, 1980s): Loss of substance/imprints of the original surface despite siliconized film, which was intended to reduce adhesion between the object and the mount surface

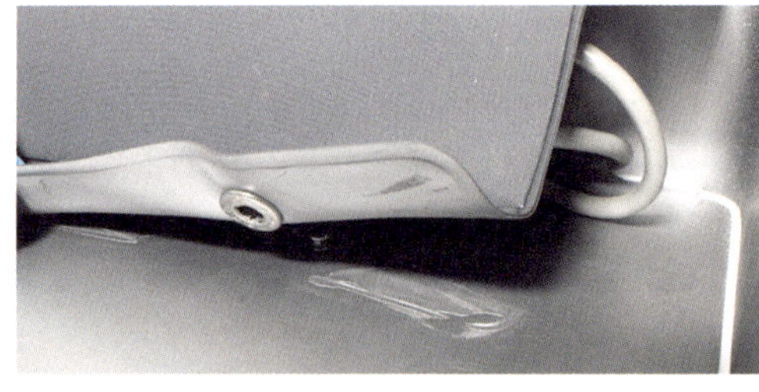

Modell/Studie eines Diaprojektors (1960er Jahre): a) Gesamtansicht, b) und c) Das Material der Abdecklasche (PVC) und des Stromkabels (PVC) hat mit der Lackschicht der Abdeckklappe des Projektors reagiert, wodurch irreversible Schäden an den Oberflächen entstanden sind.

Model/study of a slide projector (1960s): a) Overall view, b) and c) The cover flap material (PVC) and power cable (PVC) have reacted with the paint layer on the metal flap, causing irreversible damage to the surfaces.

Modell eines Damenrasierers mit Etui und Zubehör *(Lady Braun elegance*, 1988): Das Etui weist Farbspuren eines bemalten Modells auf, das mit seiner Oberfläche in Kontakt gekommen ist.

Model of a ladies' razor with case (PVC) and accessories (*Lady Braun elegance*, 1988: The case bears traces of paint from a painted model that had been in contact with its surface.

Auch an einigen lackierten Oberflächen von Diaprojektoren zeigen sich starke Materialveränderungen, die durch einen längeren Kontakt mit Stromkabeln oder Etuis aus Lederimitaten aus PVC ausgelöst wurden. Das Kabel wirkt wie verschmolzen mit der lackierten Oberfläche. Sofern beide Materialien nicht isoliert werden, führt dies zu weiteren massiven Schäden an beiden Materialien.

Für den Designprozess und den Modellbau ist neben der einfachen Verarbeitbarkeit des Werkstoffs die Möglichkeit eines modularen Zusammenfügens und variablen Austauschens von Modellteilen grundlegend, um ein experimentelles und dynamisches Arbeiten zu ermöglichen. Doppelseitige Klebebänder zur Verbindung von Modellteilen sind ein typisches Zeugnis dieser Arbeitsweise. Durch Alterungsprozesse gefährden sie das Modell jedoch in vielfacher Weise. Die hervorgerufenen Schäden reichen von einer verminderten Klebkraft an entsprechenden Verbindungsstellen bis hin zum daraus resultierenden Verlust größerer und kleinerer Objektbestandteile wie Deckeln, Griffen und Außenhüllen oder Knöpfen, Schaltern, Schiebereglern etc.

Besonders der Verlust kleinerer Objektbestandteile hat großen Einfluss auf die Wahrnehmung und Lesbarkeit der ursprünglichen Gestaltungs- und Formidee. Auch die erschwerte Zuordnung eines Kleinteils zu einem bestimmten Modell und die entsprechend inkorrekte Positionierung kann das Objekt und somit das Konzept der Designer:innen verfälschen. Darüber hinaus führen die sich zersetzenden Klebestreifen, insbesondere bei Modellen mit poröser, geschäumter Kunststoffoberfläche, zu farblichen Materialveränderungen und zu Fleckenbildung, die ebenfalls die ursprüngliche Gestaltungsidee verunklaren.

Some painted surfaces on slide projectors also exhibit severe alteration caused by prolonged contact with electric cables or cases made of imitation leather (PVC). The cable appears to have melted into the lacquered surface. If both materials are not insulated, this leads to further extensive damage to them both.

In addition to the workability of a raw material, the possibility of modular joining and flexible exchange of model parts is fundamental to the design process and model making, thus enabling experimental and dynamic work. Double-sided adhesive tapes for joining model parts are a typical example of this way of working. Ageing processes, however, endanger the model in many ways. The damage caused ranges from reduced adhesive strength at the respective joints to the resulting loss of larger and smaller object components such as lids, handles, and outer covers or buttons, switches, slide controls, etc.

The loss of smaller components in particular has a major impact on the perception and legibility of the original idea behind the design and its shape. The difficulty in assigning a small part to a specific model and the resulting incorrect positioning can also distort the object and thus the designer's concept. In addition, the disintegrating adhesive strips, especially on models with porous, plastic foam surfaces, lead to changes in the color of the material and the formation of stains, which also obscure the original design idea.

Modell einer Taschenlampe (*manulux NC*, 1970 Jahre): Gesamtansicht; Glas und Funktionschalter sind abgefallen.

Model of a flashlight (*manulux NC*, 1970): Overall view; glass and function switch have fallen off.

Modell einer Taschenlampe (*manulux NC*, 1970 Jahre): Der Funktionsschalter wurde mit doppelseitigem Klebeband an der vorgesehenen Position befestigt.

Model of a flashlight (*manulux NC*, 1970): The function switch was attached at the intended location with double-sided adhesive tape.

Modell/Studie einer Weckuhr (*DB 43*, 1970er/1980er Jahre), Gesamtansicht

Model/study of an alarm clock (*DB 43*, 1970s/1980s), overall view

Modell einer Weckuhr (*DB 43*, 1970er/1980er Jahre): Die Objektteile waren modular durch Steckverbindungen und doppelseitiges Klebeband miteinander verbunden.

Model of an alarm clock (*DB 43*, 1970s/1980s): The object parts were connected to each other in a modular fashion using plug-in connections and double-sided adhesive tape.

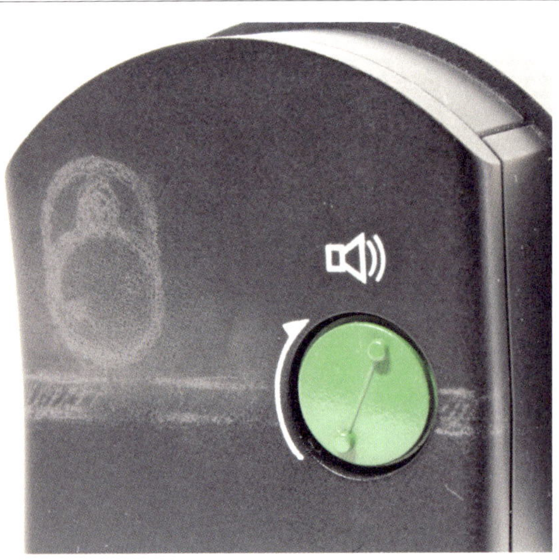

Modell eines Weckers (*4746/AB 1,* 1980er Jahre): Skizzenartige Bleistiftzeichnungen als Visualisierungshilfe für Funktionsteile

Model of an alarm clock (*4746/AB 1,* 1980s): Sketch-like pencil drawings as a visualization aid for functional parts

Modell eines Weckers (*3851/AB 50 rsl,* 1980er Jahre): Skizzenartige Bleistiftzeichnungen und grüner Papieraufkleber als Visualisierungshilfe für Funktionsteile

Model of an alarm clock (*3851/AB 50 rsl,* 1980s): Sketch-like pencil drawings and green paper sticker as a visualization aid for functional parts

WAS KANN, SOLL UND MUSS
ERHALTEN WERDEN?

Ziel des Erhalts von Designmodellen ist aus konservatorischer Perspektive, die Ideen und Gedankengänge, die sichtbar in das Modell eingeflossen sind, zu erhalten. Prämisse ist eine umfassende und detaillierte Dokumentation, Bestands- und Zustandserfassung dieser in der Regel kurzlebigen Objekte. Mit Blick auf die Materialvielfalt und die Verbindungstechniken bei der Herstellung von Designmodellen stellt sich die Frage: Was ist an einem Modell in Bezug auf seinen materiellen und didaktischen Wert wichtig und erhaltenswert?

Ein Modell ist nicht nur die Visualisierung einer Idee, sondern auch die Dokumentation der Umsetzung dieser Idee innerhalb des Designprozesses. So gehören zum Modell neben der äußeren Form mit allen Funktionsteilen wie Schaltern oder Knöpfen auch nachträgliche bzw. zusätzliche Gestaltungsvarianten oder -ideen in Form von Schriftzügen und Logos, die beispielsweise durch feine, skizzenartige Bleistiftzeichnungen auf den Objekten angedeutet sein können. Skizzen dieser Art können leicht übersehen oder als Verunreinigung oder Gebrauchsspuren missverstanden werden.

Wie gestaltet sich also eine adäquate Oberflächenreinigung? Können die Klebebandrückstände und Klebstoffreste, die ihre Funktion verloren haben und somit für das Objekt eine potenzielle Schadensquelle darstellen, entfernt werden? Oder sind sie elementar, weil sie ein Dokument des praktischen Gestaltungsprozesses sind und folglich belegen, wie die Modellbauer:innen gearbeitet haben? Welche Möglichkeiten der Sicherung von Objektbestandteilen sind anwendbar?

WHAT CAN, SHOULD, AND MUST
BE PRESERVED?

From a conservation perspective, the objective of conserving design models is to preserve the visible ideas and thought processes that informed their creation. This requires comprehensive and detailed documentation, inventories, and condition surveys of these usually short-lived objects. Given the variety of materials and joining techniques used in the production of design models, the question arises: What is important and worth preserving in a model in terms of its material and didactic value?

A model is not only the visualization of an idea, but also the documentation of the implementation of this idea within the design process. In addition to the external shape with all its functional parts, such as switches or buttons, the model also includes subsequent or additional design variants or ideas in the form of lettering and logos, which can be expressed, for example, by fine, sketch-like pencil drawings on the objects. Sketches of this kind can easily be overlooked or misunderstood as smudges or signs of wear.

How can surfaces be adequately cleaned? Can the tape and adhesive residues, which have lost their function and thus represent a potential source of damage to the object, be removed? Or are they elementary because they are a document of the practical design process and therefore evidence of how the model makers worked? What options are applicable for securing object components?

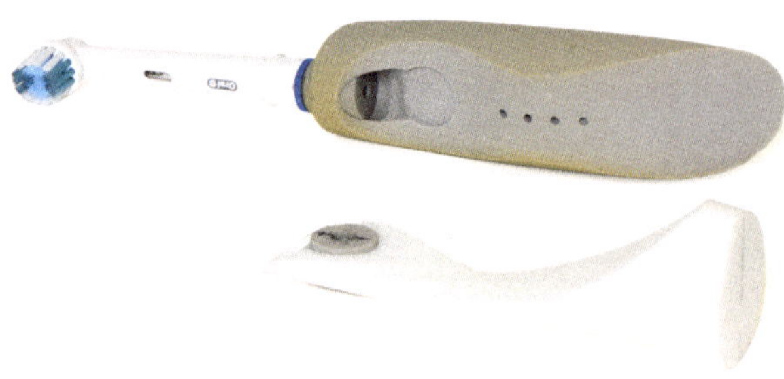

Modell einer elektrischen Zahnbürste (*Oral-B*, 2000er Jahre): Durch den Klebkraftverlust des doppelseitigen Klebebands liegen die Objektbestandteile nun separat vor.

Model of an electric toothbrush (*Oral-B*, 2000s): Due to the loss of adhesive strength of the double-sided adhesive tape, the object components have separated.

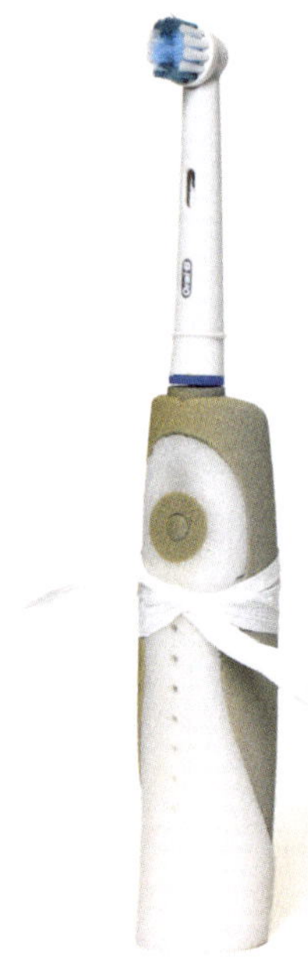

Modell einer elektrischen Zahnbürste (*Oral-B*, 2000er Jahre): Temporäre Sicherung der Objektbestandteile mit einem Kunststoffband (PE)

Model of an electric toothbrush (*Oral-B*, 2000s): Temporary securing of the object components with a plastic tie (PE)

Die bisher durchgeführten konservatorisch-restauratorischen Maßnahmen umfassten beides: Nach einer ausführlichen Dokumentation der Oberflächen wurden diese gereinigt. Nicht mehr intakte Klebestreifen an größeren Objektteilen wie Henkeln, Griffen oder Außenhüllen wurden erhalten und ihre Funktion mit einer temporären Sicherung aus einem Tyvek-Band ersetzt. So sind substanzielle Eingriffe und dadurch restauratorische Möglichkeiten für eine eventuell spätere Präsentation noch nicht festgelegt.

Sofern der Verlust kleinerer, schwer zuordenbarer Objektteile drohte, wurde die Klebung erneuert, insbesondere bei Schaltern, Hebeln, Knöpfen oder Skalen.

Entscheidungen darüber, was erhalten werden sollte und was nicht, waren aber nicht nur in Bezug auf die Bearbeitung einzelner Modelle zu treffen, sondern auch in der Gesamtbetrachtung des Konvoluts. Wie die Modellsammlung der Braun GmbH zeigt, gehen einem Endprodukt oft mehrere Vormodelle, Gestaltungsvarianten und Zwischenstufen voraus, woraus sich eine beachtliche Menge an Objekten ergibt, die bearbeitet und gelagert werden müssen. Im Rahmen eines gemeinsamen Termins zur Reduktion des Modellkonvoluts (Deakzessionierung) im April 2023 wurden deshalb weniger relevante Modellvarianten aus der Sammlung genommen. Dieser interdisziplinär vorgenommene Prozess des Entsammelns, bei dem Designer:innen, Konservator:innen und Kurator:innen gemeinsam eine Lösung erarbeiteten, führte zur Rückgewinnung von Lagerflächen im Depot und definierte außerdem das Konvolut an Designmodellen exakter.

The conservation treatments carried out so far have included both: after detailed documentation of the surfaces, they were cleaned. No longer intact adhesive strips on larger object parts such as handles, knobs, or outer covers were preserved and their function replaced and secured temporarily with plastic strips (PE). In this way, substantive interventions and potential conservation treatments for a possible later display remain open.

If there was a risk of losing smaller, difficult-to-identify parts, adhesive was reapplied, especially for switches, levers, buttons, or graduated dials.

Decisions about what should and should not be preserved had to be made not only in relation to the treatment of individual models, but also in the context of the collection as a whole. As the Braun model collection shows, a final product is often preceded by several preliminary models, design variants, and intermediate stages, resulting in a considerable number of objects that need to be processed and stored. As part of a collective meeting to reduce the collection (deaccessioning) in April 2023, less relevant variants were removed from the inventory. This interdisciplinary process of deaccessioning, in which designers, conservators, and curators worked together, led to the recovery of storage space and, furthermore, a more precise definition of the design collection.

Modell einer Videokamera (*NIZO S 5H*, 1970er Jahre): Gesamtansicht mit losen Objektbestandteilen

Model of a video camera (*NIZO S 5H*, 1970s): Overall view with loose components

Modell einer Videokamera (*NIZO S 5H*, 1970er Jahre): Die Objektbestandteile wurden mit doppelseitigem Klebeband und einer Modelliermasse in Position gehalten.

Model of a video camera (*NIZO S 5H*, 1970s): The components were held in place with double-sided adhesive tape and a plasticine.

Modell/Studie einer Weckuhr (1970er/1980er Jahre): Verlust des Schiebereglers durch gealtertes doppelseitiges Klebeband

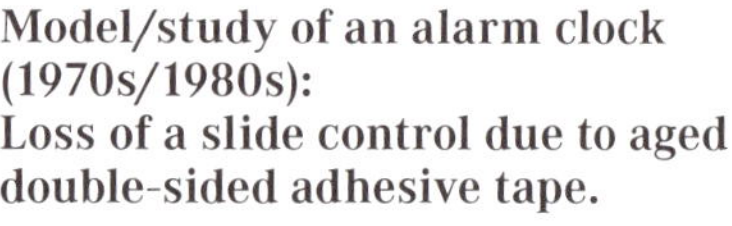
Model/study of an alarm clock (1970s/1980s): Loss of a slide control due to aged double-sided adhesive tape.

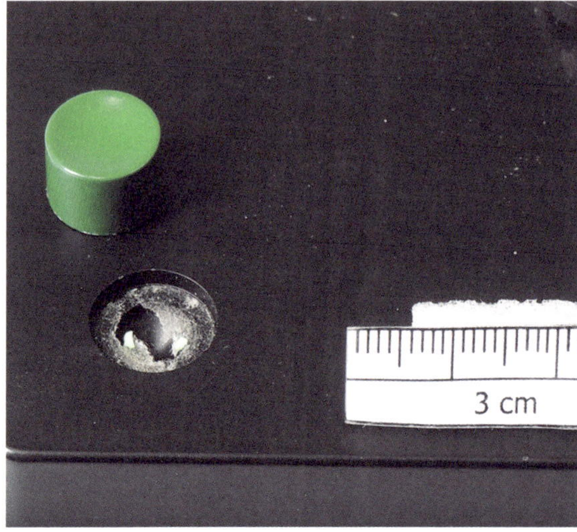

Studie zu einem Filmbetrachter (1970er/1980er Jahre): Verlust des Ein-/Ausschaltknopfes durch gealtertes doppelseitiges Klebeband

Study for a film viewer (1970s/1980s): Loss of the on-off switch due to aged double-sided adhesive tape.

[4] Hier sei u.a. zu nennen: FUTURE TALKS ist ein international angelegtes Kongressformat zum Wissenstransfer moderner Material- und Technologieinnovationen, aktueller Forschungsprojekte im Bereich der aktiven Restaurierung und Konservierung moderner Materialien sowie der Analyse und Dokumentation verwendeter Technologien. Im Rahmen von Fachvorträgen, Workshops, Speed Lectures und Podiumsgesprächen werden interdisziplinär konkrete Vorgehensweisen vorgestellt, hinterfragt und bewertet, https://www.die-neue-sammlung.de/future-talks/, (abgerufen am 08.05.2024).

[4] Here, among others, FUTURE TALKS should be mentioned. It is a congress international in scope for the transfer of knowledge about modern material and technology innovations, current research projects in the field of active restoration and conservation of modern materials, and the analysis and documentation of technologies used. Specific interdisciplinary approaches are presented, scrutinized, and evaluated as part of specialist lectures, workshops, speed lectures, and panel discussions, https://www.die-neue-sammlung.de/future-talks/, (accessed on 08.05.2024).

IN VERBINDUNG BLEIBEN

Das Projekt hat gezeigt, wie wichtig für die vielfältigen Entscheidungsprozesse eine enge Kommunikation zwischen allen Beteiligten war – den Restauratorinnen und der Kuratorin auf Seiten des Museums, den Designer:innen auf Seiten der Braun P&G. Nur durch einen Dialog konnten entscheidende Gestaltungsvarianten und -schritte verstanden werden. So konnten beispielsweise separat vorliegende Objektteile, die aufgrund schwacher Klebe- und Steckverbindungen zunächst nicht mehr zugeordnet werden konnten, an deren ursprünglicher Stelle platziert werden, wodurch eine Verfälschung des Modells verhindert wurde.

Das Projekt hat aber auch deutlich gemacht, dass Informationen über verwendete Materialien und Herstellungstechniken in das Konservierungskonzept integriert werden müssen, um eine möglichst ganzheitliche Informationserhaltung sicherzustellen. Ermutigend ist in diesem Zusammenhang, dass ein stetig wachsendes Netzwerk an Fachpersonen den Erhalt moderner Materialien erforscht, entsprechende Erfahrungen und Ergebnisse austauscht und so die materiellen und immateriellen Werte dieser und anderer (Modell-) Sammlungen für zukünftige Forschungs- und Ausstellungsprojekte bewahrt.[4]

KEEPING IN TOUCH

The project showed the importance of close communication between everyone involved in the various decision-making processes: the conservators and curator on the museum's side, the designers on the side of the Braun P&G company. Only through dialog was it possible to understand crucial design variants and steps. In this way, for example, it was possible to return parts of objects that had become detached to their original position, thus preventing any falsification of the model.

The project has also made it clear, however, that information about the materials used and manufacturing techniques must be integrated into the conservation concept to ensure the most comprehensive preservation of information possible. In this context, it is encouraging that a constantly growing network of experts is researching the preservation of modern materials, exchanging relevant experiences and results, and thus preserving the material and immaterial values of these and other (model) collections for future research and exhibitions.[4]

DE

[1] Judith Block und Sandra Groll (2022), *iF Design Trend Report 2022*, Hannover

[2] Als Smart-Home-Systeme versteht man ein Umfeld, in dem verschiedene Technologien zusammenarbeiten, um Wohn- und Lebensqualität zu verbessern oder Energie einzusparen. Dabei werden Abläufe automatisiert, die sonst einzelne Handgriffe erfordern würden.

Das Modell der Zukunft
Neue Anforderungen an das Designmodell

Im Zuge der Digitalisierung haben sich die Anforderungen an das Produktdesign und seinen Modellbau deutlich weiterentwickelt. Vor allem zwei Veränderungen haben dabei unmittelbare Auswirkungen auf das Modell im Designprozess:

Die Funktionalität findet immer häufiger auch außerhalb des Produkts statt.

Es entstehen immer mehr Produkte, die eng mit digitalen Services verbunden sind, beispielsweise über eine App anmietbare E-Scooter oder eine KitchenAid mit eingebauter Rezept-App. Immer häufiger rückt bei solchen Produkten sogar die analoge Funktionalität in den Hintergrund. Das Produkt selbst wird hauptsächlich eine haptische Schnittstelle zu virtuellen Anwendungen.[1] Beispiele hierfür sind Smart Watches oder Interaktionsschnittstellen für Smart-Home-Systeme[2]. Sieht man die primäre Aufgabe eines Designmodells darin, die Funktionalität eines Produkts bezüglich seiner Handhabbarkeit zu überprüfen, so kann diese bei manchen Produkten mittlerweile erst mit UX-Prototypen, dafür aber an einem beliebigen Endgerät getestet werden. Für den Modellbau bedeutet das, dass es mindestens zwei Funktionsmodelle braucht, die derzeit meist unabhängig voneinander ausgetestet werden. So werden beispielsweise anhand eines Funktionsmodells einer KitchenAid die Proportionen und ergonomischen Eigenschaften überprüft, während auf einem Smartphone die dazugehörende Display-Schnittstelle modelliert wird.

Die Kommunikationsaufgaben eines Produkts werden immer komplexer.

Noch vor wenigen Jahrzehnten spiegelte ein Produkt zwar eine Markenhaltung wider, konnte dabei aber

EN

[1] Judith Block and Sandra Groll (2022), *iF Design Trend Report 2022*, Hannover

[2] Smart home systems are defined as an environment in which various technologies work together to improve the quality of living and life or save energy. This automates processes that would otherwise require individual actions.

The Model of the Future
New Challenges for the Design Model

As digitalization has progressed, the requirements for product design and construction of its models have evolved significantly. Two changes in particular have a direct impact on the model in the design process:

Functionality is increasingly located outside the product.

More and more products are being created that are closely linked to digital services, such as e-scooters that can be rented via an app or a KitchenAid with a built-in recipe app. The analog functionality of such products is increasingly taking a back seat. The product itself is becoming primarily a haptic interface for virtual applications.[1] Examples include smart watches and interaction interfaces for smart home systems.[2] If the primary task of a design model is to check the functionality of its usability, then for some products this can now only be tested with UX prototypes, albeit on any end device. For the model building, this means that at least two functional models are required, which are currently usually tested independently of each other. For example, a functional model of a KitchenAid is used to check the proportions and ergonomic properties, while the corresponding display interface is modeled on a smartphone.

Products are tasked with communicating in ever more complex ways.

Just a few decades ago, a product reflected the brand ethos, but could also be seen as standing alone. This applies both to Braun products, which were created in the middle of the twentieth century, and to Apple products at the beginning

[3] Sabine Schulze und Ina Grätz (2011), *Apple-Design*, Berlin
[4] Klaus Klemp (2020), *Dieter Rams: The Complete Works*, New York
[5] Judith Block und Sandra Groll (2023), *iF Design Trend Report 2023*, Hannover
[6] Ein Blockchain-Siegel ist ein QR-Code, der auf einem Produkt angebracht ist. Wird dieser gescannt, lassen sich Informationen über die gesamte Lieferkette eines Produkts abrufen. Im Fall der Milch sind das beispielsweise die produzierenden Höfe und die Anzahl der Kühe, von denen die Milch stammt.
[7] https://news.sap.com/germany/2020/09/cloud-transparente-lieferkette-schwarzwaldmilch/ (abgerufen am 17.04.2024)

[3] Sabine Schulze and Ina Grätz (2011), *Apple-Design*, Berlin
[4] Klaus Klemp (2020), *Dieter Rams: The Complete Works*, New York
[5] Judith Block and Sandra Groll (2023), *iF Design Trend Report 2023*, Hannover
[6] A blockchain seal is a QR code that is attached to a product. When this is scanned, information about the entire supply chain of a product can be retrieved. In the case of milk, for example, this includes the farms producing the milk and the number of cows it comes from.
[7] https://news.sap.com/germany/2020/09/cloud-transparente-lieferkette-schwarzwaldmilch/ (accessed on 17.04.2024)

für sich allein stehend betrachtet werden. Das gilt sowohl für Braun-Produkte, die Mitte des 20. Jahrhunderts entstanden sind, als auch noch Anfang des 21. Jahrhunderts für die Apple-Produkte.[3/4] Inzwischen kommuniziert das Produktdesign den Kontext immer häufiger mit. Das gilt in dreierlei Hinsicht:

- Die zentralen Markenbotschaften, aber auch die Einbettung eines Entwurfs in eine Produktserie spiegeln sich in der Formgestaltung wider.

- Produkte werden so designt, dass sie sich ästhetisch in das Umfeld integrieren. So werden technische Geräte heute als Teil der Wohnungseinrichtung betrachtet und entsprechend ästhetisch aufgeladen. Was zuvor lediglich für prestigeträchtige Geräte (z.B. die Stereoanlage von Braun in den 1960er Jahren) galt, wird heute auch bei der Gestaltung von rein funktionalen Geräten angewendet. Egal, ob Router oder Staubsauger: Immer häufiger wird auf die Optik der Black Box verzichtet und dem Objekt stattdessen eine helle Hülle mit weichen Formverläufen verliehen.[5]

- Immer häufiger werden globale Produktketten auch am Produkt sichtbar. Einerseits kann das durch Blockchain-Siegel[6] geschehen, so wie es beispielsweise die „Schwarzwaldmilch" seit 2020 macht.[7] Aber auch recycelbare Materialien und Designs für eine Kreislaufwirtschaft werden über die Gestaltung mit kommuniziert. Denkbar wäre beispielsweise auch, dass ein mietbares Möbelstück mit einem Code versehen wird, der angibt, wie viel CO_2 durch das Mieten anstelle des Kaufs dieses Produkts eingespart wurde. Je häufiger ein Produkt wiederverwendet wird, desto größer ist die Einsparung.

of the twenty-first century.[3/4] In the meantime, product design is increasingly communicating context. This applies in three ways:

- The central brand messages, but also the embedding of a model in a product series, are reflected in stylistic features.

- Products are designed to integrate aesthetically into their surroundings. Today, technical devices are seen as part of home furnishings and are accordingly imbued with aesthetic appeal. What previously only applied to prestigious appliances (e.g., the stereo system from Braun in the 1960s) is now also being applied to the design of purely functional appliances. Whether it's a router or a vacuum cleaner, the black box aesthetic is increasingly being dispensed with and the object is instead given a light-colored shell with soft contours.[5]

- Commodity chains global in scope are also becoming increasingly visible on the product. This can be done, for example, using blockchain seals,[6] as has been the case with "Schwarzwaldmilch" since 2020.[7] Recyclable materials and planning for a sustainable economy are also communicated via the design. It is also conceivable, for example, that a rented piece of furniture could be provided with a code indicating how much CO_2 was saved by leasing the product instead of buying it. The more often a product is reused, the greater the reduction.

8 The Future:Project (Hg.) (2023), *Future System*, Frankfurt am Main

8 The Future:Project (ed.) (2023), *Future System*, Frankfurt am Main

9 The term "eco transition" describes the global transformation to a holistic ecosystemic society. This includes the redesign of infrastructures, production systems, and cultural practices to ensure safety and quality of life while remaining emission neutral.

Viele funktionale Aspekte lassen sich also mithilfe des klassischen materiellen Modellbaus nicht mehr überprüfen. Die symbolischen und kommunikativen Ansprüche an ein Produkt werden komplexer – ein einfaches Arbeitsmodell genügt immer seltener, um diese ausreichend darzustellen. Um dem gerecht zu werden, scheint es im Produktdesign künftig alternative Formen der Prozessgestaltung zu brauchen. Dabei kann ein Blick in die Zukunftsforschung helfen.

GESTALTUNGSSPIELRÄUME DURCH ZUKUNFTSMODELLE ERKENNEN

In der Zukunftsforschung werden Modelle häufig genutzt, um hochkomplexe gesellschaftliche Entwicklungsprozesse vereinfacht auf einer Metaebene darzustellen. Modelle können Orientierung bieten, Zusammenhänge aufzeigen und dabei helfen, Gestaltungspotenziale zu identifizieren. Somit sind sie ein hilfreiches Werkzeug zur Entwicklung von zukunftsfähigen Strategien und Innovationen.

An dieser Stelle soll das Transformationsmodell *Future:System* vorgestellt werden.[8] Das *Future: System* (siehe Abb. S. 128) ist ein vom Think Tank *The Future:Project* entwickeltes Modell, das explizit auf die Gestaltungsmöglichkeiten innerhalb gesellschaftlicher Veränderungen eingeht. Es bildet daher besonders viele Schnittstellen zu Gestaltungsberufen.

Als Transformationen werden in diesem Modell gesellschaftliche Aushandlungsprozesse verstanden, die auf die großen Herausforderungen der Gegenwart reagieren. Zu solchen Herausforderungen gehören etwa die Folgen des demografischen Wandels, des Klimawandels oder der Digitalisierung. Dabei können verschiedene Lösungskonzepte in dieselbe Richtung weisen, einander inhaltlich aber dennoch auch widersprechen.

Many functional aspects can therefore no longer be tested using traditional physical model making. The symbolic and communicative demands on a product are becoming more complex—a simple working model is less and less adequate to represent these sufficiently. To accomplish this, it seems that alternative forms of process planning will be needed in product design in the future. A look into Futures Studies can help here.

DISCOVERING DESIGN POTENTIAL BY MODELING THE FUTURE

In Futures Studies, models are often used to present highly complex social development processes in a simplified way on a meta level. Models can provide orientation, show connections, and help to identify design potential. They are therefore a useful tool for developing sustainable strategies and innovations.

Here, the *Future:System* transformation model will be presented.[8] The *Future:System* (see figure p. 128) is a model developed by the think tank *The Future:Project* that explicitly addresses design options within social change. It therefore has a particularly large number of interfaces with design professions.

In this model, transformations are understood as processes of social negotiation that respond to the major challenges of the present. Such challenges include the consequences of demographic change, climate change, and digitalization. Different conceptualizations of solutions can point in the same direction but can also contradict each other in terms of content. For example, the "Eco Transition"[9] is one response to the

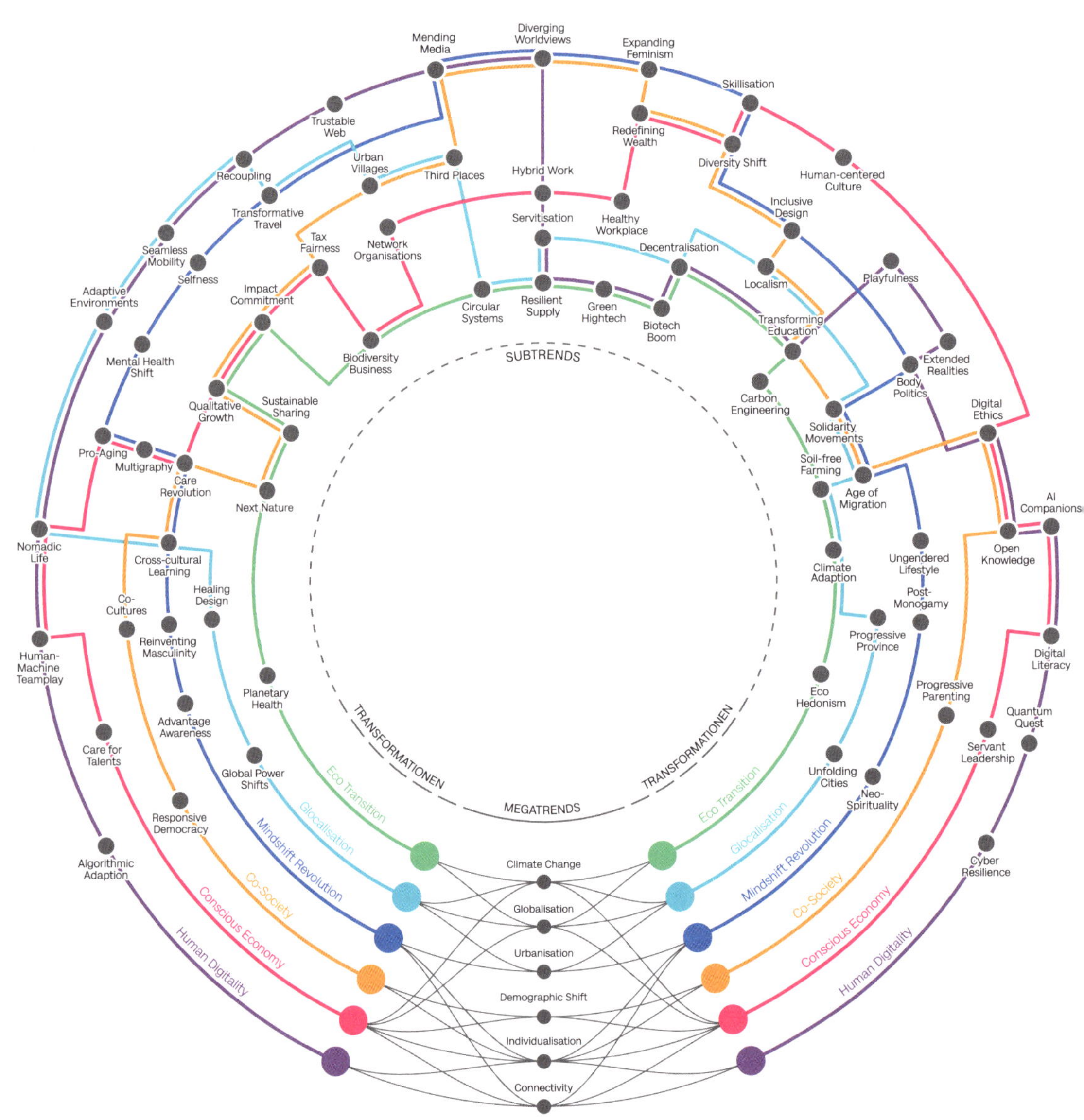

***Future:System*, ein vom Think Tank *The Future:Project* entwickeltes Modell**

Future:System, a model developed by the think tank *The Future:Project*

[9] Der Begriff der „Eco Transition" beschreibt die globale Transformation zu einer ganzheitlich ökosystemischen Gesellschaft. Dies beinhaltet die Umgestaltung von Infrastrukturen, Produktionssystemen und Kulturtechniken, um trotz Emissionsneutralität auch Sicherheit und Lebensqualität gewährleisten zu können.

So ist beispielsweise die „Eco Transition"[9] eine Antwort auf die Herausforderungen, vor die wir aufgrund des Klimawandels gestellt sind. Sie beinhaltet sowohl Trends, die sich für eine Re-Naturierung von Landschaften einsetzen, als auch solche, die mehr Natur in Städte integrieren oder sogar die Trennung von Natur und menschlichen Systemen gänzlich aufheben wollen. Die Richtung der ökologischen Transformation ist klar: Wir müssen uns in eine klimaneutrale Wirtschaft und Gesellschaft transformieren, die die Natur in menschliche Systemen reintegriert und somit resiliente Ökosysteme schafft. Wie genau dieser Transformationsprozess vonstattengeht, ist aber nicht eindeutig definiert – das gestaltet sich erst während der bzw. durch die Transformation aus.

Dass sich bereits entwickelte Innovationen, Lösungsstrategien und Handlungsmöglichkeiten teilweise auch inhaltlich widersprechen, ist dabei sogar wünschenswert. Denn die Widersprüchlichkeit sorgt für Reibung, die schlussendlich weitere Innovationen fördert und fordert. Transformationen sind folglich nicht-linear strukturiert und in ihrer konkreten Ausgestaltung ergebnisoffen. Sie enthalten hybride Dynamiken, teils mit paradox erscheinenden Gegentrends. Und sie eröffnen Handlungsräume, die lebensnah, greifbar und gestaltbar sind.

Für das Produktdesign und seine Arbeitsprozesse lassen sich daraus vor allem drei Erkenntnisse ziehen:

- Produktdesign strebt nicht an, die Lösung für alle Herausforderungen einer Transformation zu bieten, sondern einen gesamtgesellschaftlichen Lernprozess voranzutreiben. Der Designprozess eines Produkts wird zwar irgendwann beendet, um es produzieren zu können. Wenn wir das Produkt jedoch als einen Baustein einer gesell-

challenges we face as a result of climate change. It includes trends that advocate for the regeneration of landscapes as well as those that seek to integrate more nature into cities or even completely eliminate the separation of nature and human systems. The direction of ecological transformation is clear: we need to transform ourselves into a climate-neutral economy and society that reintegrates nature into human systems and thus creates resilient ecosystems. How exactly this transformation process will take place, however, is not clearly defined—it will only become clear during or as a result of the transformation.

That the content of already existing innovations, solution strategies, and possible courses of action sometimes contradict each other is even desirable. This is because contradictions create friction, which ultimately promotes and demands further innovation. Transformations therefore have a nonlinear structure and are open-ended, even in their concrete form. They contain hybrid dynamics, sometimes with seemingly paradoxical countertrends. And they open up spheres of activity that are true-to-life, accessible and malleable.

For product design and its work processes, three main insights emerge from this:

- Product design does not aim to provide the solution to all the challenges of a transformation, but rather to advance a learning process for society as a whole. A product's design process is concluded at some point so that it can be produced. If, however, we view the product as a building block in a social transformation, the design process continues even after the draft design has been completed. In

[10] Unter Stakeholdern versteht man Interessenvertreter:innen eines Projekts, eines Entwurfs oder einer Organisation. Im Produktdesign sind Stakeholder meist von den Konsequenzen bestimmter Gestaltungsentscheidungen betroffen und haben daher ein berechtigtes Interesse am Verlauf oder Ergebnis eines Prozesses oder Projekts.

[11] Gestützt von Computern, Künstlicher Intelligenz und Robotik wird die gelingende Zusammenarbeit zwischen Mensch und Technologie in immer mehr Branchen unverzichtbar. „Human-Machine Teamplay“ umfasst dabei mehr als das Konzept der Mensch-Maschine-Interaktion: Ziel ist ein produktives Zusammenspiel, das die Potenziale menschlicher und maschineller Intelligenz gleichermaßen ausschöpft.

[12] Trendbegriffe werden international diskutiert und von Forschungsinstitutionen, Think Tanks und dem gesellschaftlichen Diskurs weiterentwickelt. Daher nutzt die Zukunftsforschung auch im Deutschen häufig englische Begriffe, um die Anschlussfähigkeit zu gewährleisten.

[10] Stakeholders are representatives of the interests of a project, a design, or an organization. In product design, stakeholders are usually affected by the consequences of certain design decisions and therefore have a legitimate interest in the progress or outcome of a process or project.

[11] Supported by computers, artificial intelligence, and robotics, successful collaboration between humans and technology is becoming indispensable in more and more industries. “Human-machine teamplay”encompasses more than just the concept of human-machine interaction: the aim is productive interaction that exploits the potential of human and machine intelligence in equal measure.

[12] Terms relating to trends are discussed internationally and developed further by research institutions, think tanks, and social discourse. For this reason, Futures Studies often uses English terms in German to ensure consistency.

schaftlichen Transformation betrachten, geht der Gestaltungsprozess auch nach Beendigung des Entwurfes weiter. Insofern erhält sogar das Produkt selbst bis zu einem gewissen Grad einen Modellcharakter.

- Adaptivität wird zur Schlüsseleigenschaft von Entwürfen. Diese richten sich schließlich an eine Zukunft, die noch nicht ausformuliert ist, und können daher nur anschlussfähig bleiben, wenn sie sich an veränderte äußere Umstände anpassen lassen.

- Bei gesellschaftlichen Transformationsprozessen entscheiden alle gemeinsam, wo es lang geht. Der Designprozess ist vor allem dann erfolgreich, wenn er Stakeholder[10] als aktive Mitgestaltende integriert und die verschiedenen Interessen moderiert.

DREI ZUKUNFTSVISIONEN FÜR DAS ARBEITSMODELL DER ZUKUNFT

Die künftige Designpraxis misst sich an ihrer Anpassungsfähigkeit an die Ansprüche der Gesellschaft und der Stakeholder. Sie muss folglich den Gestaltungsprozess an die gesellschaftlichen und technologischen Entwicklungen anpassen. Die folgenden drei Zukunftsszenarien zeigen mögliche Wege auf, wie auf einzelne Aspekte der oben beschriebenen Entwicklungen reagiert werden kann:

„Human Machine Teamplay“ verlagert den Modellbau komplett in die Virtualität.

Der Begriff des „Human Machine Teamplay“[11/12] beschreibt das produktive Zusammenspiel von Arbeitenden und Computern, Künstlicher Intelligenz und

this respect, even the product itself takes on the character of a model to a certain degree.

- Adaptivity becomes a key characteristic of draft designs. After all, they are aimed at a future that has not yet been fully formed and can therefore only remain viable if they can be adapted to changing external circumstances.

- In social transformation processes, everyone decides together which direction to take. The design process is particularly successful when it integrates stakeholders[10] as active co-creators and moderates differing interests.

THREE VISIONS FOR THE WORKING MODEL OF THE FUTURE

The practice of designing for the future is measured by its adaptability to the demands of society and stakeholders. It must therefore adapt the design process to social and technological developments. The following three scenarios for the future show possible ways of responding to individual aspects of the developments described above:

“Human-machine teamplay” moves model making completely into the virtual world.

The term “human-machine teamplay”[11/12] describes the productive interaction between workers and computers, artificial intelligence, and robotics. Properly balanced, the potential of human and machine intelligence is exploited in equal measure. In the process, designers become co-creators and moderate design processes together with stakeholders and AI. The AI is trained with comprehensive information on the needs of all stakeholders and takes on an advisory role. It checks

[13] „Neural Rendering" ist ein innovatives Verfahren zur KI-basierten Erzeugung von Bildmaterial. Basierend auf bereits vorhandenem Bild- oder Videomaterial werden dabei neue Bilder oder Videos erstellt.

Robotik. Richtig austariert, werden dabei die Potenziale menschlicher und maschineller Intelligenz gleichermaßen ausgeschöpft. Designer:innen werden im Zuge dessen zu Co-Kreator:innen und moderieren Gestaltungsprozesse gemeinsam mit Stakeholdern und KI. Die KI wird mit umfassenden Informationen zu den Bedürfnissen aller Stakeholder trainiert und übernimmt eine Beratungsfunktion. Sie überprüft die Entwürfe auf die Anforderungen und Bedürfnisse verschiedener Nutzungsgruppen, gibt Feedback und Entscheidungshilfen.

Diese Herangehensweise ist besonders geeignet für Produkte, die in komplexen Umgebungen bestehen müssen oder von einer Vielzahl unterschiedlicher Nutzer:innengruppen verwendet werden, wie zum Beispiel im Messedesign und in der Gestaltung öffentlicher Verkehrsmittel, im Interior Design von Fahrzeugen oder für Produkte, die in Sharing-Systeme integriert sind.

Um dies gewährleisten zu können, verlagert sich der Modellbau vollständig in die Virtualität, etwa durch CAD-Modelle und Renderings. Den Entwurfsprozess beschleunigen können auch sogenannte „Neural Renderings"[13], bei denen Bildmaterial, Skizzen oder Baupläne dreidimensional interpretiert werden. Zum Austesten von Entwürfen in virtuellen Räumen stellt die KI-basierte Erzeugung virtueller Landschaften eine große Hilfe dar. Ganze virtuelle Landschaften oder Räume lassen sich inzwischen KI-basiert erstellen, indem beispielsweise Video-Material eingespeist wird. So lassen sich reale Räume ohne großen Aufwand virtuell rekonstruieren, um darin CAD-Entwürfe mithilfe von Virtual Reality oder Mixed Reality zu testen.

Ein solcher Ansatz gestaltet neben den Produkten auch den Designprozess an sich neu: Die Entwicklungen im Zuge der Digitalisierung werden genutzt,

[13] "Neural rendering" is an innovative process for AI-based generation of image material. New images or videos are produced based on existing image or video material.

the designs for the requirements and needs of different user groups, provides feedback and decision support.

This approach is particularly suitable for products that have to exist within complex environments or are used by a variety of different user groups, such as in trade fair design and in the design of public transportation, in the interior design of vehicles or for products that are integrated into sharing systems.

To be able to ensure this, model making is moving completely into the virtual realm, for example, through CAD models and renderings. The design process can also be accelerated by so-called "neural renderings,"[13] in which images, sketches, or construction plans are interpreted in three dimensions. AI-based generation of virtual landscapes is a great help for testing designs in virtual spaces. Entire virtual landscapes or rooms can now be created using AI, for example, by feeding in video material. In this way, real spaces can be reconstructed virtually without great effort so that CAD designs can be tested in them using virtual reality or mixed reality.

Such an approach not only redesigns the products but also the design process itself: the developments in the course of digitalization are used not only to make design processes more efficient, but above all to integrate the products as carefully as possible into an increasingly complex context and to be able to respond as well as possible to the different requirement profiles of individual stakeholder groups.

[14] This holistic approach to spatial design, architecture, and urban planning sees the local environment not as neutral, but as having a direct influence on quality of life and promotion of health. Health-care facilities use "Healing Architecture" to actively promote preventive and curative health care through positive and lively design.

um Gestaltungsprozesse nicht nur effizienter zu machen, sondern vor allem, um die Produkte möglichst sorgfältig in einen komplexer werdenden Kontext zu integrieren und dabei möglichst gut auf die unterschiedlichen Anforderungsprofile einzelner Stakeholder-Gruppen eingehen zu können.

Adaptive Test-Umgebungen erweitern den Modellbau vom Produkt zu ganzen Modell-Umgebungen einer möglichen Zukunft.

Adaptive Test-Umgebungen sind räumliche Umgebungen, die gezielt darauf ausgerichtet sind, sich flexibel an wechselnde Bedürfnisse anzupassen. Sie sind mit digitalen Technologien ausgestattet, sodass sich einzelne Eigenschaften einer Umgebung durch Programmierung verändern lassen. Räumliche Elemente sind flexibel, austauschbar und lassen sich in Form, Position und Materialität anpassen.

Im Designprozess können adaptive Test-Umgebungen als prototypische Zukunftsräume einen komplexen Nutzungskontext simulieren, in dem ein Entwurf auf seine ökosystemische Wirkung überprüft werden kann. Dadurch können auch jene Funktionen eines Produkts getestet werden, die außerhalb des Objektes stattfinden. Das Modell wird folglich in einer Modellumgebung getestet, welche die Ansprüche an den Produktentwurf je nach Zukunftsszenario anpassen und verändern kann. Nicht das Objekt allein wird auf seine Funktionalität überprüft, sondern auch seine Wechselwirkungen in einem ganzheitlich gestalteten Kontext.

Denkbar sind etwa Modellräume von Krankenhäusern oder Unterrichtszimmern, in denen Entwürfe prototypisch getestet werden können, um zu überprüfen, ob sich der Entwurf in die restliche Umgebung und

Adaptive test environments extend model building from the product to entire model environments of a possible future.

Adaptive test environments are spatial environments that are specifically designed to adapt flexibly to changing needs. They are equipped with digital technologies so that individual properties of an environment can be changed by programming. Spatial elements are flexible, interchangeable, and can be adapted in terms of shape, position, and materiality.

In the design process, adaptive test environments serve as prototypical future spaces that can simulate a complex usage context in which a design can be tested for its ecosystemic effect. This also allows those functions of a product that take place outside the object to be tested. The model is therefore tested in a model environment that can adapt and change the demands on the product design depending on the future scenario. The functionality of the object alone is not tested, but also its interactions in a holistically designed context.

Model rooms of hospitals or classrooms are conceivable, for example, in which designs can be tested prototypically to check whether the design can be integrated into the rest of the environment as well as routine operations on site. Especially for holistic design approaches such as so-called "healing architecture"[14] or the design of learning spaces, such adaptive test environments offer important assistance for model construction. This makes them particularly suitable for the development of smart home solutions and products that are to be used in hospitals, children's facilities, and schools.

[14] Dieser ganzheitliche Ansatz der Raumgestaltung, Architektur und Stadtplanung versteht die lokale Umgebung nicht als neutral, sondern als direkte Beeinflussung der Lebensqualität und Gesundheitsförderung. Einrichtungen im Gesundheitswesen nutzen „Healing Architecture", um durch positive und lebendige Gestaltung aktiv die Gesundheitsvorsorge und -pflege zu fördern.

auch die routinierten Abläufe vor Ort integrieren lässt. Insbesondere für ganzheitliche Gestaltungsansätze wie etwa die sogenannte „Healing Architecture"[14] oder die Gestaltung von Lern-Räumen bieten solche adaptiven Test-Umgebungen eine wichtige Hilfestellung für den Modellbau. Das macht sie besonders geeignet für die Entwicklung von Smart-Home-Systemen und Produkten, die in Krankenhäusern, Kindereinrichtungen und Schulen Anwendung finden sollen.

„Bio-Design" nutzt Ökosysteme für die Gestaltung

Sogenanntes „Bio-Design" macht sich die gestaltenden Eigenschaften lebender Organismen zunutze: Der Entwurf wird dabei zum "Gerüst", das eine Grundstruktur vorgibt, die Fertigstellung des Objekts aber anderen Organismen überlässt. Dies kann etwa durch den Einsatz von Bakterien, Pilzen, Algen oder Pflanzen geschehen, die lebend als Materialien verarbeitet werden – Materialien, die die Eigenschaft haben, ihre Umgebung wahrzunehmen und sich an Veränderungen anzupassen. Der Traum von lebendigen Materialien, die sich selbst regenerieren und reparieren können, ist beileibe nicht neu. Die Realisierungsmöglichkeiten werden jedoch immer besser.

Im Zuge dessen entwickelt sich der Designprozess weiter zu einer Moderation: Designer:innen erstellen das Gerüst eines Produktes und „impfen" es mit Organismen, die dieses dann mit Leben füllen, funktionale Eigenschaften beitragen und dem Objekt eine neue Materialität verleihen. Die Materialien eines Entwurfs werden damit zu handelnden Akteuren mit eigenen Bedürfnissen und Gestaltungsansprüchen – die sie im Zweifelsfall auch umsetzen. Eine solche Gestaltungsstrategie bedeutet einen gewissen Kontrollverlust, da die Vollendung des Produkts dem gesamten

"Bio-Design" uses ecosystems for design

So-called "Bio-Design" makes use of the shape-giving properties of living organisms: the draft design becomes a "scaffold" that provides a basic structure but leaves the completion of the object to other organisms. This can be done, for example, by employing bacteria, fungi, algae, or plants that are used as living materials—materials that have the ability to perceive their environment and adapt to changes. The dream of living materials that can regenerate and repair themselves is by no means new. The possibilities for realization, however, are improving all the time.

In the course of this development, the design process continues to evolve into a moderation: designers create the framework of a product and "inoculate" it with organisms that then fill it with life, contribute functional properties, and lend the object a new materiality. The design's materials thus become agents with their own needs and design demands—which, if necessary, they also implement. Such a design strategy means a certain loss of control, as the completion of the product is left to the entire ecosystem. In some cases, the living beings themselves are even regarded as employees, so that new forms of remuneration are required for these non-human co-designers.

The aim of a design is to create the most life-friendly conditions possible and an interface between human users and non-human stakeholders. "Bio-Design" is particularly useful for products that are used in public spaces, such as transit stations, furniture for public spaces, façade elements, and pavilions.

Ökosystem überlassen wird. Teilweise werden die Lebewesen sogar selbst als Arbeitnehmende betrachtet, sodass neue Formen der Vergütung für diese nichtmenschlichen Co-Gestalter:innen gefordert werden.

Das Ziel eines Entwurfs ist das Schaffen möglichst lebensfreundlicher Rahmenbedingungen und einer Schnittstelle zwischen menschlichen Nutzer:innen und den nicht-menschlichen Stakeholdern. „Bio-Design" ist besonders sinnvoll für Produkte, die im Öffentlichen Raum eingesetzt werden, wie Haltestellen, Mobiliar für den öffentlichen Raum, Fassadenelemente und Pavillons.

FAZIT

Das Produktdesign sowie der Modellbau stehen vor weitreichenden Veränderungen. Möglicherweise erlebt auch der Designberuf eine grundlegende Transformation. Doch unabhängig davon, ob der Modellbau vollständig in den virtuellen Raum verlagert wird, sich auf die Konstruktion komplexer Modellumgebungen ausdehnt oder das Modell selbst zum Endziel des Gestaltungsprozesses wird, bleibt die gesellschaftliche Bedeutung von Designer:innen unvermindert bestehen. Sie dürfen sich auf eine Zukunft freuen, in der ihre Arbeit ebenso faszinierend, anspruchsvoll und vielseitig sein wird wie heute.

CONCLUSION

Product design and model making are facing far-reaching changes. The design profession may also undergo a fundamental transformation. But regardless of whether model making moves completely into virtual space, expands to the construction of complex model environments, or the model itself becomes the end goal of the design process, the social importance of designers remains undiminished. They can look forward to a future in which their work will be just as fascinating, challenging, and varied as it is today.

DE

Judith Block ist Redakteurin und Co-Founderin des Think Tanks *The Future:Project*. Das transdisziplinär arbeitende Expert:innen-Netzwerk aus Trend- und Zukunftsforschenden unterstützt mit seinem Wissen über Trends, Zukunft und Transformationen Menschen und Organisationen bei der Gestaltung einer lebenswerten Zukunft. Judith Block studierte zunächst Industrie- und Produktdesign an der HfG Offenbach und wandte sich dann der Designforschung zu. Seit 2019 arbeitet sie als Zukunftsforscherin für internationale Unternehmen und Stiftungen.

Markus Frenzl ist Designtheoretiker, -forscher, -consultant, -kritiker und Hochschullehrer. Er studierte Produktgestaltung an der HfG Offenbach und ist mit seinem Büro 4gzl/designkontext für zahlreiche Unternehmen und Medien tätig. Er forscht und veröffentlicht zum öffentlichen Designbild, zu designhistorischen und alltagskulturellen Themen und zum Design als soziale, kulturelle und transformative Praxis. Seit 2010 ist er Professor für Design- und Medientheorie an der Fakultät für Design der Hochschule München, seit 2017 Studiengangsleiter des Masterstudiengangs Angewandte Designforschung. Seit 2021 hat er zudem eine Forschungsprofessur für Design- und Innovationskulturen der bayerischen Hightech Agenda inne, in deren Rahmen er 2024 das Designkulturen Institut für Angewandte Designforschung (dci) gründete.

Oliver Michl ist seit 2007 Leiter des Modellbaus bei der Braun P&G in Kronberg. Dort absolvierte er von 1987 bis 1990 seine Ausbildung als Industriemechaniker im Bereich Geräte und Feinwerktechnik. Im Anschluss daran begann er als Modellbauer in der Designabteilung zu arbeiten und steht seither täglich in engem Austausch mit den Gestalter:innen und den Kolleg:innen der technischen Entwicklung.

EN

Judith Block is editor and co-founder of the think tank *The Future:Project*. This transdisciplinary network of experts in Futures Studies uses its knowledge of trends, the future, and transformations to support people and organizations in shaping a future worth living. Judith Block first studied industrial and product design at the HfG Offenbach before turning to design research. She has been working as a Future Studies researcher for international companies and foundations since 2019.

Markus Frenzl is a design theorist, researcher, consultant, critic, and college professor. He studied product design at the HfG Offenbach and, through his office 4gzl/designkontext, works with numerous companies and media outlets. He researches and publishes on the public image of design, design history, and design in everyday culture, as well as design as a social, cultural, and transformative practice. Since 2010, he has been Professor of Design and Media Theory in the Faculty of Design at the Munich University of Applied Sciences, and since 2017 he has been Head of the Master's program in Applied Design Research. Since 2021, he has also held a research professorship for design and innovation cultures with the Bavarian High-Tech Agenda, in the context of which he founded the Design Cultures Institute for Applied Design Research (dci) in 2024.

Oliver Michl has been Head of Model Making at Braun P&G in Kronberg since 2007. He completed his training there from 1987 to 1990 as an industrial mechanic in the field of appliances and precision engineering. He then began working as a model maker in the design department and has been in close contact with the designers

Kathrin Röttger ist Kunsthistorikerin und hat parallel zu ihrem Studium eine Ausbildung zur Restauratorin absolviert. Ein Schwerpunkt dabei war der handwerkliche Umgang mit Objekten im Kontext des Sammelns. Sie hat zudem berufliche Erfahrung in der Denkmalpflegte. Heute ist ihr Kerngebiet die strukturelle sowie konservatorische Betreuung von Kunstsammlungen. Dies beinhaltet unter anderem die fachgerechte und langfristige Lagerung von Objekten unterschiedlicher Materialien in Depots. Seit 2017 ist sie am Museum Angewandte Kunst angestellt. Zuvor war sie am Historischen Museum Frankfurt tätig, wo sie den Depotumzug sowie die Wiedereinrichtung des Museums im Zuge des Neu- und Umbaus des Hauses mitbegleitete.

Katja Franziska Siebel ist Objektrestauratorin mit dem Schwerpunkt der Konservierung und Restaurierung von Kompositobjekten aus anorganischen Materialien sowie Kunststoffen. Nach dem Studium der Objektrestaurierung an der Staatlichen Akademie der Bildenden Künste Stuttgart (2014–2020) arbeitete sie als freiberufliche und angestellte Objektrestauratorin in verschiedenen Museen in Stuttgart, Frankfurt, Freiburg, Hamburg und Los Angeles. Zudem war sie Lehrbeauftragte für Objektrestaurierung an der Stuttgarter Akademie. Im Anschluss an das Projekt zur präventiven Konservierung von Designmodellen am Museum Angewandte Kunst in Frankfurt ist sie seit Mai 2024 für die Konservierung und Restaurierung von modernen Materialien am LWL-Museum für Kunst und Kultur in Münster zuständig.

Grit Weber ist seit 2015 stellvertretende Direktorin am Museum Angewandte Kunst in Frankfurt am Main und Kuratorin für Design, Kunst und Medien. Nach ihrem kunstwissenschaftlichen Studium war sie vor allem als Journalistin und Chefredakteurin im Kultur-

and colleagues in technical development on a daily basis ever since.

Kathrin Röttger is an art historian and conservator. One focus of her conservation training was the handling of objects in the context of collecting. She also has professional experience in heritage preservation. Today, her core specialty is the structural and conservation care of art collections. This includes, among other things, the expert and long-term conservation of objects of different materials in storage. She has been employed at the Museum Angewandte Kunst since 2017. Previously, she worked at the Historisches Museum Frankfurt, where she was involved in the relocation of the storage depot and the reinstallation of the museum as part of the reconstruction and renovation of the building.

Katja Franziska Siebel is an object conservator specializing in the conservation of composite objects made of inorganic materials and plastics. After studying object conservation at the State Academy of Fine Arts in Stuttgart (2014–2020), she has been employed by and worked freelance in various museums in Stuttgart, Frankfurt, Freiburg, Hamburg, and Los Angeles. She was also a lecturer in object conservation at the Stuttgart Academy. Following the project on the preventive conservation of design models at the Museum Angewandte Kunst in Frankfurt, she has been responsible for the conservation of modern materials at the LWL Museum of Art and Culture in Münster since May 2024.

Grit Weber has been Deputy Director of the Museum Angewandte Kunst in Frankfurt am Main and Curator of Design, Art, and Media

sektor tätig. Von 2019 bis 2022 war sie Dozentin für Design- und Kulturgeschichte an der Hochschule RheinMain in Wiesbaden. Am Museum verbindet sie in zahlreichen Projekten genreübergreifend ästhetische mit gesellschaftlichen Fragen. Sie beschäftigt sich u.a. mit der Geschichte der Frankfurter Kunstgewerbeschule, mit dem Neuen Frankfurt der 1920er Jahre sowie mit zeitgenössischen Aspekten im Design. Die zuletzt von ihr kuratierten Ausstellungen waren *Ars Viva'21: Rob Crosse, Richard Sides, Sung Tieu* (2020), *Mythos Handwerk. Zwischen Ideal und Alltag* (2022) und *Kramer lieben: Objekte. Architektur. Film. Kunst. Gespräch* (2023).

Ben Wilson ist Industriedesigner und seit 2003 im Designteam der Firma Braun P&G in Kronberg tätig. Sein Studium absolvierte er an der Swinburne University in Melbourne und schloss es mit Auszeichnung ab. Er bereiste danach die Welt und sammelte Erfahrungen in mehreren Praktika, unter anderem bei dem Gestalter Tassilo von Grolman. Sein großes Interesse gilt dem Designprozess im Team und den technik- oder materialbasierten Verbesserungen von Produkten. Seit 2017 ist er bei Braun Director of Communication und vermittelt die Inhalte von gutem Design an die kommende Generation von Nutzer:innen.

since 2015. After studying art history, she worked primarily as a journalist and editor-in-chief in the cultural sector. From 2019 to 2022, she was a lecturer in design and cultural history at the RheinMain University of Applied Sciences in Wiesbaden. At the museum, she has combined cross-genre aesthetics and social issues in numerous projects. Among other things, she explores the history of the Frankfurt School of Arts and Crafts, the New Frankfurt of the 1920s, and contemporary aspects of design. The most recent exhibitions she curated were *Ars Viva'21: Rob Crosse, Richard Sides, Sung Tieu* (2020), *Mythos Handwerk. Zwischen Ideal und Alltag* (2022) and *Kramer lieben: Objekte. Architektur. Film. Kunst. Gespräch* (2023).

Ben Wilson is an industrial designer and has worked in the design team at Braun P&G in Kronberg since 2003. He completed his studies at Swinburne University in Melbourne and graduated with honors. He then traveled the world and gained experience in several internships, including with the designer Tassilo von Grolman. He is very interested in the team design process and technology- or material-based improvements to products. He has been Director of Communication at Braun since 2017 and communicates the content of good design to the next generation of users.

AUSGEWÄHLTE MODELLTYPEN

Arbeitsmodell
Konkretisierung der Gestaltungsidee, ähnlich einer dreidimensionalen Skizze. Das Arbeitsmodell dient der spielerischen Entwicklung, Verfeinerung, Veranschaulichung und Erprobung des Konzepts. Innerhalb von Modellserien bilden einzelne Arbeitsmodelle oft nur Teilbereiche des Entwurfs ab. Dabei liegt der Fokus zunächst meist auf formal-konstruktiven Fragen. Farbe, Material und Oberflächenstruktur kommen dann in weiter entwickelten Arbeitsmodellen hinzu. Arbeitsmodelle bilden die Grundlage eines Präsentationsmodells.

Formmodell
Häufig in einer Serie oder Gruppe auftretende Studien zur Herausarbeitung der endgültigen Form eines Produktes oder zur spielerischen Erprobung verschiedener Formkonzepte

Funktionsmodell
Meist maßstabsgerechte und detailgetreue Ausformung des angestrebten Produktes, an dem die meisten Funktionen ausgeführt werden können

Ideenmodell
Räumliche Sichtbarmachung der Gestaltungsidee mit hohem Abstraktionsgrad. Dadurch kommen die wesentlichen Züge der Idee zur Darstellung. Spontanität, Übertreibung und Provokation sind willkommen.

Präsentationsmodell
Endergebnis der Entwurfsarbeit, nicht selten mit repräsentativem und öffentlichem Charakter

Prototyp
Weit fortgeschrittenes Modell, bei dem alle wesentli-

SELECTED TYPES OF MODELS

Working Model
Concretization of the design idea, similar to a three-dimensional sketch. The working model serves to playfully develop, refine, illustrate, and test the concept. Within a series of models, individual working models often only represent parts of the design. At the outset, the focus is usually on questions of form and construction. Color, material, and surface structure are then added in further developed working models. Working models form the basis for the prototype.

Form Model
A series or group of studies often used to work out the final form of a product or to playfully test different form concepts.

Functional Model
Usually a true-to-scale and detailed shaping of the desired product, on which most functions can be performed

Concept Model
Spatial visualization of the design idea with a high degree of abstraction. This allows the essential features of the idea to be presented. Spontaneity, exaggeration, and provocation are welcome.

Presentation Model
Final result of the design process, often with a representational and public character

Prototype
An advanced model in which all essential technical, ergonomic, structural, and aesthetic details

chen technischen, ergonomischen, konstruktiven und ästhetischen Details vollständig ausgearbeitet sind. Es bildet den Prozessschritt kurz vor der Serienreife ab.

Prozessmodell
Darstellung der Einzelschritte des Entwicklungsprozesses, häufig chronologisch oder sachlogisch aufgebaut. Ein Prozessmodell kann auch als schematische Zeichnung oder als gruppendynamisches Spiel zum Einsatz kommen, in dem Tätigkeiten und Rollen erprobt werden.

Volumenmodell
Modell zur Veranschaulichung von Dimensionen und Körpervolumen

Vormodell
Modell, das für ein nachfolgendes Fabrikat zum Vorläufer oder Vorbild wird. Innerhalb von Modellserien kann fast jedes Modell zum Vormodell für ein darauffolgendes werden.

WEITERE FACHBEGRIFFE

Adaptive Environments
Test-Umgebungen, die sich dank digitaler Technologien flexibel an wechselnde Bedürfnisse anpassen lassen

Bozzetto
Modell für Skulpturen und Plastiken aus leicht zu bearbeitendem Material wie Ton, Wachs oder Gips. In der Malerei dienen diese Modelle auch dazu, Lichteinfall und Schattenwurf darzustellen. Der Begriff kann auch auf die Entwürfe von Fresken und Gemälden erweitert werden.

Deakzession
Entfernen von Objekten aus Sammlungen

have been worked out in full. It represents the step in the process just before series production.

Process Model
A depiction of the individual steps in the development process, often structured in chronological order or based on the logic behind the product's evolution. A process model can also be used as a schematic drawing or to play with group dynamics by testing roles and tasks.

Volumetric Model
Model to illustrate dimensions and physical volume

Precursor Model
A model that becomes the forerunner or predecessor of a subsequent product. Within a series of models, almost any model can become the precursor for a subsequent model.

ADDITIONAL TECHNICAL TERMS

Adaptive Environments
Test environments that adapt flexibly to changing needs thanks to digital technologies

Bozzetto
Model for sculptures (carved or molded) made of easy-to-work materials such as clay, wax, or plaster. In painting, these models are also used to depict the fall of light and shadows. The term can also be extended to include preliminary sketches for frescoes and paintings.

Deaccession
Removal of objects from collections

Degradation
Chemischer oder physikalischer Zerfall von Material

Human Machine Teamplay
Produktives Zusammenspiel von Mensch und Maschine, welches die Potenziale technischer Möglichkeiten und menschlicher Intelligenz gleichermaßen ausschöpft

Oberflächenreinigung
Substanzerhaltende Reinigung eines Materials. Man unterscheidet Trockenreinigung mit Pinseln, Tüchern oder Schwämmen und Feuchtreinigung mit wässrigen, organischen Lösemittel, Tensiden oder Gelen.

Reverse engineering
Arbeit am Modell, bei der der Entwicklungsprozess vom Entwurf zum Endprodukt durch Rekonstruktion des Verfahrens umgekehrt wird, um so nach Fehlern und Schwächen im Gestaltungsprozess zu suchen

Stereolithografie
Fertigungsverfahren, bei dem ein Werkstück aus lichthärtendem Kunststoff in einem mit Monomeren angereicherten Bad aufgebaut wird. Ein Laser härtet das Material schichtenweise aus.

AUSGEWÄHLTE MATERIALIEN, DIE FÜR MODELLE VERWENDET WERDEN:

Aluminium
Silberweißes Leichtmetall, das in der Werkstofftechnik als Reinaluminium und in Form zahlreicher Aluminiumlegierungen Verwendung findet. Seine Festigkeit ist dem Stahl vergleichbar, bei einem Drittel seiner Dichte.

Blech
Dünn ausgewalzte Metallfläche, die sich vielfältig wei-

Degradation
Chemical or physical decay of a material

Human Machine Teamplay
Productive interaction between humans and machines that exploits the potential of technical possibilities and human intelligence in equal measure

Surface Cleaning
The cleaning of a material whereby its substance is preserved. A distinction is made between dry cleaning with brushes, cloths, or sponges and wet cleaning with aqueous or organic solvents, surfactants, or gels.

Reverse Engineering
Using the model to work backwards from the end product to conceptualization by reconstructing the process stepwise in order to look for errors and weaknesses in the design

Stereolithography
Manufacturing process in which a workpiece made of light-curing plastic is built up in a bath enriched with monomers. A laser hardens the material layer by layer.

SELECTED MATERIALS USED FOR MODELS

Aluminum
Silver-white lightweight metal that is used in materials engineering as pure aluminum and in the form of numerous aluminum alloys. Its strength is comparable to steel, at a third of its density.

Sheet Metal
Metal surface rolled into a thin sheet that can be

terverarbeiten lässt. Fast jedes Metall kann zu Blech ausgewalzt werden. Kommt im Modellbau zum Einsatz.

Holz
Nachwachsender Rohstoff, der in unterschiedlichen Härtegraden und Faserlängen vorkommt und sich schnitzen, zerspanen, drechseln, verleimen, verzapfen, verschrauben, glätten und lackieren lässt. Kam bis in die 1970er Jahre insbesondere für die Herstellung von Formmodellen zum Einsatz.

Living Materials (Lebendige Materialien)
Stoffe auf Pflanzen- oder Pilzbasis. So kann beispielsweise ein Werkstoff aus einer Pilzreinkultur mit einem Nährsubstrat entstehen, das der Pilz während seines Zellwachstums verstoffwechselt. Für ein Formbildungsverfahren ist zudem eine vorgegebene Form notwendig, in deren Hohlraum die Pilzkultur hineinwächst und anschließend stabilisiert wird. Kommt u.a. im „Bio-Design" zum Einsatz.

Maschinenholzpappe
Werkstoff, der sich durch ein geringes spezifisches Gewicht auszeichnet, auch Finn- oder Skanpappe genannt. Sie kann u.a. für Höhenschichten- oder Raummodelle oder als Mal- und Druckgrundlage verwendet werden.

PE (Polyethylen)
Thermoplast, also ein durch Wärme verformbarer Kunststoff. Er gilt weltweit als der am häufigsten eingesetzte Kunststoff und findet seinen Einsatz auch im Modellbau.

Plexiglas
Transparenter Kunststoff, Markenname der Röhm GmbH für Acrylglas. Chemisch ist es ein Polymethylmethacrylat (PMMA). Wird im Modellbau für die

processed in a variety of ways. Almost any metal can be rolled into sheet metal. Can be used in model making.

Wood
Renewable raw material that occurs in different degrees of hardness and fiber lengths that can be carved, machined, turned, glued, mortised, screwed, smoothed, and painted. Until the 1970s, it was used in particular for the production of form models.

Living Materials
Plant- or fungus-based substances. For example, a material can be created from a pure fungal culture with a nutrient substrate that the fungus metabolizes during its cell growth. The process of creating a shape also requires a premade mold into whose cavity the fungal culture grows and is then stabilized. Used in "bio-design," among other things.

Machine-Made Wood Pulp Board
A material characterized by a low specific weight, it can be used, for example, for contour or spatial models or as a basis for painting and printing.

PE (Polyethylene)
Thermoplastic—that is, a plastic that can be shaped by heat. It is the most commonly used plastic in the world and is also used in model making.

Plexiglas
Transparent plastic, brand name for acrylic glass produced by Röhm GmbH. Chemically, it is a polymethyl methacrylate (PMMA). Used in model making for the representation of transparent elements of a product.

Darstellung transparenter Bauteile eines Produktes verwendet.

Ponal
Holzleim auf der chemischen Basis von Polyvinylacetaten (PVA), Markenname von Henkel

Polymere
Aus vielen gleichen Makromolekülen aufgebaute chemische Stoffe, die die Hauptkomponenten für die Herstellung von Kunststoffen darstellen. Polymere entstehen aus reaktionsfreudigen Monomeren durch Polyreaktion (Kettenpolymerisation, Polykondensation oder Polyaddition).

PP (Polypropylene)
Thermoplastischer Kunststoff, dessen Eigenschaften denen des Polyethylen ähneln. Polypropylen ist jedoch härter, wärmebeständiger und von geringerer Dichte, also leichter, weshalb er hauptsächlich für Verpackungen verwendet wird. Er ist der zweithäufigste Kunststoff.

PUR (Polyurethane)
Kunststoff mit vielfältigen Anwendungen, je nach Vernetzungsgrad weiterer Komponenten (Isocyanate oder OH-Gruppen). Er kann sowohl als Thermoplast, Duroplast (Hartplastik) oder Elastomere produziert werden. Am wichtigsten sind Polyurethane als Schaumstoffe, sie können aber auch als Formmasse zum Pressen, als Gießharze, als Klebstoffe und als elastische Faserstoffe eingesetzt werden.

PVC (Polyvinylchlorid)
Thermoplastischer Kunststoff, der als Hart-PVC bei Rohren, Fensterprofilen oder Schallplatten zum Einsatz kommt. Als Weich-PVC ist er mit entsprechenden Weichmachern versetzt und dient als Kabelumman-

Ponal
Wood glue based on polyvinyl acetates (PVA), brand name belonging to the company Henkel

Polymers
Chemical substances made up of many identical macromolecules, which are the main components for the production of plastics. Polymers are formed from reactive monomers through polyreaction (chain polymerization, polycondensation, or polyaddition).

PP (Polypropylene)
A thermoplastic made up of many identical macromolecules, whose properties are similar to those of polyethylene. But polypropylene is harder, more heat-resistant, and less dense—that is, lighter, which is why it is mainly used for packaging. It is the second most common plastic.

PUR (Polyurethane)
Plastic with a wide range of applications, depending on the degree of cross-linking of other components (isocyanates or OH groups). It can be produced as a thermoplastic, thermoset (hard plastic), or elastomer. Foams are its most important application, but polyurethane can also be used in molding compounds for pressing, as casting resins, as adhesives, and as elastic fibers.

PVC (Polyvinyl Chloride)
Thermoplastic material that is used as rigid PVC for pipes, window profiles, or vinyl records. As soft PVC, it is mixed with appropriate plasticizers and is used as cable sheathing or flooring. PVC can be easily dyed, is partially acid-resistant and relatively insensitive to light. It can be molded and remelted at temperatures between

telung oder Bodenbelag. PVC lässt sich gut einfärben, ist teilweise säurebeständig und relativ lichtunempfindlich. Zwischen 120 und 150°C lässt er sich verformen und umschmelzen. Wird im Modellbau häufig als Plattenmaterial verwendet.

Silikone
Gruppe von Polymeren, bei denen Siliziumatome über Sauerstoffatome verknüpft sind. Silikonformen kommen im Modellbau insbesondere bei Abgussverfahren zum Einsatz.

Silikonisierte Folie
Mit Silikon beschichtete Trennfolie aus Polyester

Soft-Touch-Effektlack
Finishing-Verfahren im Modellbau, um der Oberfläche eine weiche, samtartige Haptik zu verleihen. Der Effektlack basiert auf synthetischem Kautschuk oder Polyurethandispersionen (siehe PUR).

Tyvek
Vliesstoff auf Basis von Polyethylen, Markenname der Firma DuPont. Die hohe Dichte des Faserstoffes entsteht durch Kalandern, also ein Walzen unter hohem Druck. Das Material findet u.a. seinen Einsatz im museal-konservatorischen Kontext.

Ureol
Opaker Kunststoff, Markenname der Bodo Möller Chemie GmbH. Chemisch gehört Ureol zu den Polyurethanen und ist ein beliebter Werkstoff im Modellbau, weil er sich präzise zerspanen lässt.

Weichmacher
Lösungsmittel, die Kunststoffe aufquellen und sie in einen gelartigen, biegsamen oder dehnbaren Zustand versetzen. Wenn Weichmacher wieder entweichen,

120 and 150°C. It is often used as a sheet material in model making.

Silicones
Group of polymers in which silicon atoms are linked via oxygen atoms. Silicone molds are used in model making, particularly in casting processes.

Siliconized Film
Polyester release film coated with silicone

Soft-Touch Coating
Finishing process in model making to give the surface a soft, velvety feel. The tactile coating is based on synthetic rubber or polyurethane dispersions (see PUR).

Tyvek
A nonwoven fabric based on polyethylene, the brand name belongs to DuPont. The high density of the fibrous material is achieved by calendering, that is, rolling under high pressure. The material is used in the museum and conservation context, among others.

Ureol
Opaque plastic, Bodo Möller Chemie GmbH brand name. Chemically, Ureol is a polyurethane and is a popular material in model making because it can be machined precisely.

Plasticizer
Solvents that swell plastics and transform them into a gel-like, flexible, or stretchy state. When the plasticizers escape, the material shrinks, becomes more brittle, harder and may crack. An adjacent material into which the plasticizer

schrumpft der Stoff, wird spröder, härter und gegebenenfalls rissig. Ein benachbarter Stoff, in welchen der Weichmacher eindringt, kann klebrig werden oder sich schlimmstenfalls verflüssigen.

penetrates can become sticky or, in the worst case, liquefy.

DE

EN

In Material denken: Das Modell zwischen Designprozess und Museumssammlung

Thought Made Material: The Model between Design Process and Museum Collection

Herausgeber:innen / **Publishers**
Grit Weber und Matthias Wagner K,
Museum Angewandte Kunst in Frankfurt am Main

Konzept und Redaktion / **Concept and Volume Editor**
Grit Weber

Text / **Contributors**
Judith Block, Markus Frenzl, Oliver Michl,
Kathrin Röttger, Katja Franziska Siebel, Grit Weber,
Ben Wilson

Grafikdesign / **Graphic Design**
Antonia Henschel,
Sign Kommunikation GmbH, www.sign.de

Lektorat / **Editor**
Daniela Böhmler

Übersetzung / **Translator**
Aimee Gessner

Verlag / **Publishing House**
av edition, Stuttgart, 2024

Druck / **Printer**
Schleunungdruck GmbH, Marktheidenfeld
www.schleunung.com

Schrift / Typeface / **Typeface**
Milligram / Corporate A Pro

Papier / **Paper**
Munken Kristall rough

Bibliografische Informationen der Deutschen Nationalbibliothek Die Deutsche Nationalbibliothek verzeichnet diese Publikation in der Deutschen Nationalbibliografie; detaillierte bibliografische Daten sind im Internet über http://dnb.de abrufbar.

Bibliographic Information published by the German National Library The German National Library lists this publication in the German National Bibliography; detailed bibliographical data are available on the internet at http://dnb.de.

Printed in Europe
ISBN 978-3-89986-423-6

DE	EN
Wolfgang Günzel **© Museum Angewandte Kunst** Seiten	pages 6–23, 26–59, 96
Ute Kunze **© Museum Angewandte Kunst** Seite	page 24
Braun P&G Archiv, Kronberg i. Ts. Seiten	pages 62, 64, 72
File:Tempietto di San Pietro in Montorio.jpg-Wikimedia Commons Seite	page 67
Leif Piechowski/Stadt Stuttgart Seite	page 70
Dieter Schwer Seiten	pages 80–89
Katja Franziska Siebel Seiten	pages 108–122

Unser besonderer Dank geht an Our special thanks go to

Thomas Guttandin (Leiter Braun P&G Archiv/Head of Braun P&G Archiv, Kronberg i. Ts., Kronberg i. Ts.)

Klaus Klemp (vormals Kurator für Design am/formerly curator for design at the Museum Angewandte Kunst)

Ute Kunze (Archiv/Archive, Museum Angewandte Kunst)

Christian Dressen und/and Kathrin Röttger (Restaurierung/Conservation Department, Museum Angewandte Kunst)

Till Winkler und/and Nina Sagra (Braun P&G)

Oliver Elser (Deutsches Architektur Museum)

Mit großzügiger Unterstützung With the generous support of

Georg und Franziska Speyer'sche Hochschulstiftung

WÜSTENROT STIFTUNG